U0782944

如何阅读

一个已被证实的低投入高回报的学习方法

10 DAYS TO FASTER

READING

美国普林斯顿语言研究中心
The Princeton Language Institute
［美］
艾比·马克斯·比尔 Abby Marks-Beale

中国青年出版社
CHINA YOUTH PRESS

图书在版编目（CIP）数据

如何阅读：一个已被证实的低投入高回报的学习方法 /
美国普林斯顿语言研究中心，（美）艾比·马克斯·比尔著；
刘白玉，韩小宁，孙明玉译. —2版.
—北京：中国青年出版社，2017.5
书名原文：10 Days to Faster Reading
ISBN 978-7-5153-4684-7

Ⅰ.①如… Ⅱ.①美…②艾…③刘…④韩…⑤孙… Ⅲ.①读书方法 Ⅳ.①G792

中国版本图书馆CIP数据核字（2017）第062229号

10 Days to Faster Reading by The Princeton Language Institute, Abby Marks-Beale
Copyright © 2001 The Philip Lief Group
Chinese translation copyright © 2015 by China Youth Press
All Rights Reserved.

如何阅读：
一个已被证实的低投入高回报的学习方法

作　　者：美国普林斯顿语言研究中心　［美］艾比·马克斯·比尔
译　　者：刘白玉　韩小宁　孙明玉
责任编辑：周　红　麦丽斯
美术编辑：李　甦
出　　版：中国青年出版社
发　　行：北京中青文文化传媒有限公司
电　　话：010-65511272/65516873
公司网址：www.cyb.com.cn
购书网址：zqwts.tmall.com
印　　刷：大厂回族自治县益利印刷有限公司
版　　次：2016年6月第1版
　　　　　2017年5月第2版
印　　次：2024年12月第15次印刷
开　　本：787×1092　1/16
字　　数：85千字
印　　张：13.5
京权图字：01-2014-4321
书　　号：ISBN 978-7-5153-4684-7
定　　价：39.00元

版权声明

　　未经出版人事先书面许可，对本出版物的任何部分不得以任何方式或途径复制或传播，包括但不限于复印、录制、录音，或通过任何数据库、在线信息、数字化产品或可检索的系统。

中青版图书，版权所有，盗版必究

CONTENTS
目 录

如何使用本书激发阅读潜能

祝贺你！手头有这本书，你就迈出了提高阅读技能的第一步。也许自从小学毕业后，你就再也没有进行过任何提高阅读能力的培训，那么，拿着这本书，从现在开始，你就可以学习有效提高阅读能力的新知识。

也许你是工作繁忙的商务人士，希望能够更快地浏览报纸和审阅文件，掌握繁杂的阅读材料中的重要信息；也许你是一个教育工作者，正在为你的学生寻找阅读训练策略；也许你仅仅是一个学生，渴望知道快速阅读的方法，以提高学习成绩；也许你是一个爱读书的人，提高阅读能力意味着能够更畅快地在书海遨游。无论出于什么原因，这本书你选对了。通过阅读此书并使用书上的技巧，你会掌握快速阅读所需要的全部技巧，你的理解能力也会随之提高。

那你要问了，如何使用本书？像很多指导书一样，本书的每一章建立在前一章的基础之上。所以，我建议你至少按照顺序阅读前五章，这五章能够极大地激发你的阅读潜能。之后，你就可以跳跃着阅读你感兴趣的章节。本书的宗旨主要有如下三点：

- **帮你认识到已经掌握的阅读技能的价值。**阅读此书时，你会发现，书中的很多概念你已经非常熟悉，只是之前不知道这些概念在帮助你快速阅读。通过实践，你自己悟出了一些快速阅读策略，这些事情你一直在做，只不过没有系统地梳理归纳出来。

- **介绍了很多可供选择的阅读技巧。**请注意，**没有万能的阅读技巧**，但是有用的阅读技巧有很多。本书不是一部教给你规则的书，而更像是一部供你选择的书。这就是为什么我们希望你试用这些技巧，想想其中的观点和逻辑，最终确定哪一种最适合自己。本书的最后几页是空白页，你可以使用此页，记下那些你认为最重要最有价值的技巧。使用这些技巧，并记录自己的体会和想法，供以后参考。

- **提高阅读信心。**对很多人来讲，阅读是他们必须做的事情，而不是喜爱做的事情。很多读者认为，他们是世界上读书最慢的人，或者认为自己的阅读能力很差。无论是真是假，有一件事情是明确的：如果你对自己的阅读能力缺乏信心，或者阅读时没有快乐的感觉，那么你就不会去主动阅读。当你渴望阅读，或认为阅读很有价值时，你才会去主动地多阅读。事情就这么简单。

我还建议你在阅读时，手头准备下列工具，以便有效地做练习：

- 铅笔或者圆珠笔

- 荧光笔

- 纸

- 计算器

- 秒表或者计时器

- 名片大小的空白索引卡

- 熟悉的阅读材料，例如自己喜欢的杂志或者报纸

在这本书里，我将普通读者和阅读高手的区别看作普通司机和职业赛车手之间的差别。所以，我将快速阅读比作赛车，有时候会使用赛车的术语解释快速阅读的技巧。但是一定要记住，你不必先成为一个赛车迷，才能成为一个阅读高手。

练习是提高阅读速度的重要方法，所以书中每章都有一个阅读训练，八百字左右，略短于报纸或者杂志的文章，后面紧跟着十道阅读理解题。你可以根据第208页的**"阅读分钟数查看表"**来计算你的阅读速度，然后再填到第206页的**"个人进度表"**中。

阅读理解题是选择题，从三个选项中选择：对（T）、错（F）或未提及（N）。答案必须来自你阅读得到的信息，而不是你已知的信息。

尽管本书能教给你如何有效地阅读，但阅读的内容大多是非虚构类的，如商业书籍、杂志或者教科书。非虚构类的读者总是在寻求用更短的时间阅读更多的信息。而文学和虚构类的读者喜欢读故事或者长篇小说，他们很难通过训练阅读技巧得到提高。所以你会发现，所有的阅读训练中，只有一篇是虚构类文章的阅读练习（在第七章），其他都是非虚构类的。

读完此书后，如果你有不太明白的问题，或有需要探讨的问题，或想与我分享你的成功经验，请通过下列方式跟我联系：

Abby Marks Beale

Rev It Up Reading

P. O. Box 4212

Wallingford, CT06492

www.revitupreading.com

无须赘述。请享受本次的阅读之旅吧。

艾比 · 马克斯 · 比尔

Abby Marks Beale

扫清阅读障碍

低效阅读不过是在浪费时间，
掌握高效阅读才能达到读书的目的。

想象此书是一把钥匙，能够使你的阅读能力迅速提高，像试车一样，此书能够全面测试你的阅读技能和技巧。跟很多人一样，拥有这本书让你更加自信，因为你曾多次努力想达到快速阅读这一目标。现在，打开此书，你朝设定的目标又近了一步。

提高阅读速度对自己有何益处?

• **用更少的时间读更多的书**。在同样的时间内，你可以读两倍或者三倍的材料。有时候，你发现你只需要略读。

• **集中注意力**。你读得越快，注意力就会越集中，就越能专注于你所读的内容。

• **更全面更准确地理解所读材料**。注意力集中后，理解力就提高了。

• **记住得更多**。由于你注意力集中，理解力更高，记住的信息就更多。

• **更喜欢阅读**。此书的快速阅读策略能帮你建立阅读信心，提高阅读能力，让你更喜欢阅读。

快速阅读还有一些人人皆知的好处，那就是：

- 在考试和测验中获得更高的分数；

- 更自如地控制信息量；

- 上网效率更高；

- 更乐意阅读电影字幕；

- 更快地阅读博物馆的介绍信息；

- 更快地阅读道路标志和广告牌；

- 降低阅读焦虑和负罪感；

- 能够快速浏览使用说明，了解如何使用某个产品、组装和使用家用电器、拼装家具，等等；

- 更快更容易地浏览和比较食品营养标签（缩短购物时间）；

- 明晰自己的阅读速度，需要花费多长时间，并依此制订计划；

- 永不在思想上"落伍"。

我知道快速阅读的好处远远不止这些，也许有一天你会告诉我更多好处。

对我个人而言，使用快速阅读技巧使我的职业生涯获益良多，但最成功的一个例子来自我的个人生活。当我的第一个孩子九个月大时，他突然半夜醒来，一边咳嗽一边大喊大叫，叫声像海豹一样。我现在是一个颇有经验的母亲，知道这种病症在医学上叫作喉炎，是由于呼吸道受阻而引起的呼吸困难。但那时我没有丝毫经验，既害怕又慌乱。我打了儿童医生留言服务电话，留了急信。我一边等待电话和回信，一边找到了我父母买的医学书，想看看到底怎么回事，能做点什么减轻孩子的痛苦。几分钟之内，我快速浏览目录，阅读相关内容，找到了建议，并用到了孩子身上。不一会儿，儿子的呼吸就好多了——我的呼吸也恢复了正常。这一幕经常闪现在我脑海里，屡屡使我清醒地意识到：快速阅读是多么重要！

如果真的想提高阅读能力，你必须学会并经常使用书中的技巧。想象一下：你从来没有玩过赛车，现在却被任命为一个赛车手、一位快速阅读者，会怎么样？尽管你知道如何开车，知道如何阅读，但和成为一个赛车手是完全不同的事。如果现在就要求你坐到赛车手的位置上进行比赛，你目前的技术和知识储备肯定不合适。但是，如果给你十天的时间做准备，情况就大不一样了。在这十天中，你会跟一位专家（本书）合作，通过学习和实践专家指导的方法、技巧、忠告和窍门，在很短的时间内，找到属于自己的方法并获得成功。

所以，现在请你坐到驾驶员的位置。**记住：尽管你会发现此书中有很多有用的技巧，但是，如果你不转动钥匙、启动引擎，不在实践中使用这些技巧，这些有用的技巧就只能停留在理论层面。那个拿着钥匙的人，是你。**

破解读不快、读不进去的谜题

在提高阅读能力的过程中，你可能遇到障碍，这些障碍主要由五个原因造成。

第一个原因：你的态度

发自内心地用最能描述你自己的词，快速地补充完整下面的句子：

我是一个 _____ 的读者。

在我的工作室，我也用这个问题问我的学生。现挑选几个回答：有些学生立刻填写"速度慢的""懒惰的""不读书的"等负面意义的词；有些学生则填写"好的""热心的""喜爱阅读的"等正面意义的词；而另外一些学生则填写"无生气的""死气沉沉的""昏昏欲睡的"等更消极的词。

如果你填写的是负面的词，我敢打赌，读书对你来讲不是一件快乐的事情。你可能更愿意白日做梦，而不是读书，或者认为自己的阅读速度像乌龟爬一样慢；你会经常发现自己在重新读一个句子或者一段话，因为第一遍没有读懂，或者读了两遍还是没有看懂。你可能很厌恶读书，不理解别人怎么会那么喜欢读书。

在我学会更好更快地阅读之前，我也有同感。上学时，我总是完不成阅读作业，极少会愉快地拿起一本书翻一翻。我根本不理解为什么有些人那么喜欢每天读报纸！那时候我不是一个高效主动的读书者，但现在我是了。

如果你认为自己属于正向反馈的读者，你会很自然地多读书，花更多时间读书。你会发现，读书是一件快乐的事情，你的时间花得值得。你可能想在家或者在单位多读一些书，但不知道读书的最好方法是什么。如果你想做得更好，那你就来对地方了。

世界上的绝大多数成功人士都广泛地阅读，并且是嗜书如命的人。通过读书学习，通过读书成长，你就会成为生活中的成功人士、工作中的成功人士。成功不一定意味着你赚很多很多的钱，而是说，你最能胜任你目前的工作。如果你询问一位成功人士，他们是如何成功的，我敢保证，他们成功的秘密一定包括大量阅读。

在整部书中，我会不停地问这个问题：你是一个_____的读者。我希望，随着阅读能力的提高，你的自信心会提高，你的回答会越来越正面。**请相信：你的过去无法预测你的未来。**

第二个原因：你是人，不是神

很多人幻想过拥有一个计算机般飞速运转的大脑，比如打开大脑，放入一个芯片，然后你就有了"超级大脑"，阅读速度达到"光速"，还能建立存有海量信息的数据库。"我在1991年读过这篇文章，它主要讲的是……"然而，我们还是要面对现实：虽然我们发明了电脑，但要想跟上计算机的处理速度和效率，是不可能的。但是不要失望，做一个好的阅读者，你并不需要计算机般的大脑。

第三个原因：缺乏阅读训练

你最后一次进行阅读训练或参加提高阅读技能的培训是什么时候呢？做一个大胆的猜想，凭我二十多年在这方面的教学经验，我敢说，20人中大约只有一个人在一生中接受过快速阅读的培训，读过快速阅读辅导书，或者根据录音带学习过快速阅读。如果你看到最后一句话窃笑不已，那么你可能在想很多年前你买的书或者磁带，现在正躺在书架上，或者干脆没有拆封。其他19人自从小学毕业后就再也没有进行过任何快速阅读的训练。

你目前的年龄减去六岁（六岁大概是你开始阅读的年龄），你就得出了构建你目前阅读能力的阅读年龄。对有些读者来讲，阅读年龄其实已经很长。我一直奇怪，人们不经过正式培训怎么能够满足自己日益增长的阅读需求。我遇到过很多律师、医生、工程师、金融从业者和其他专业人士，都是在大学毕业后，发现自己迫切需要快速提高阅读速度。有一位中年律师告诉我，他到了某管理岗位后，就遇到了阅读瓶颈。我问他，没有必要的快速阅读技能，他是如何通过大学学习并得到毕业证书的？他说他真的不知道，那时候只是按照老师说的做。他认为由于阅读效率低下，他花费了大量时间读书，经常因为第一遍没有读懂而重复阅读。他下定决心，现在就做点什么来改变自己的阅读态度和速度。对于改善阅读态度而言，什么时候都不算晚。

第四个原因：要读的东西太多

每个人都有很多要读的东西：杂志、报纸、信件、内部资料、工作所需要的商务文件及其他阅读材料、小说及指导书。有些人把这些称作"要做的事情"，我把它们称作"要读的书"，有时候我把它们称作"无法读完的书"。很明显，这些阅读材料加在一起属于信息爆炸。你不仅有很多打印出来的东西要读，而且电脑上还有很多没有打印出来的东西也要读。你看着这么多要读的东西，要么说："我先把它们下载下来，等以后再读吧"，要么就说："算了吧，我还有其他事要做。我真的没有时间读。"

好消息是：你其实没有必要全部阅读。你只需有意识地做出一个决定：什么需要精读，什么需要略读，什么干脆抛弃。在本书中，我会给你提供很多能够达到此目的的有效信息。

第五个原因：没有足够的时间

当今社会，大多数人都有工作，很多人有孩子，每天要通勤，还有许许多多其他的责任，导致人们根本就没有时间去阅读。人们把要读的书放在一起，贴上标签"以后读"。这个"以后读"的标签会越来越多，不会减少，除非你有目的地挤出时间去阅读。

在此书中，你会学到管理阅读的方法：利用经验和技巧，自主选择要阅读的材料。我们生活在信息爆炸的年代，留给我们的阅读时间却很少，这是不得已的选择。日后，当看到日益增多的"以后读"的书时，你也不会有倍感压力的感觉。

阅读训练一：千字文快速阅读

好的，让我们上路吧。首先，你必须明白，如何在理解的基础上快速阅读。下面的练习需要在五分钟之内完成。遵循这些简单的步骤，你就会了解你的阅读水平如何。

1. 计时阅读。把一只带秒针的手表，或者秒表，或者厨房计时器放在身边，看看你阅读下面的这篇文章《一切为了阅读》需要多长时间。**按照正常的速度阅读即可。**在文章后面写下你用了几分几秒。

一切为了阅读

回想一下小时候老师是怎么教你阅读的。首先，你学习英文字母表，学习这些字母是如何形成音节的。然后，你学习音节是如何形成单词的。最后，你站在桌子旁边开始大声朗读。

在口语阅读中，你必须一个单词一个单词地读。这个习惯一直伴随着你进入无声阅读。如果你依然保持着一次读一个单词的习惯，那么你即使在进行无声阅读，你的阅读速度也不会超过有声阅读——大约每分钟阅读150个单词。

英文字母形成音节，音节形成单词，然后，单词形成短语或者意群。单词是人们在相互交流时的沟通符号。

心理学家告诉我们，我们在儿童时代形成的习惯最牢固，阅读习惯也不例外。我们大多数人都依然在使用小时候学习的过时的阅读方法来应对成人的阅读挑战。难怪，大多数人都跟不上阅读时代的步伐。

一般来说，无效习惯的特点是"被动行为"，而有效习惯的特点是"主动行为"。通过学习主动阅读，你能够在较短的时间内读更多的书，同时提高注意力，理解得更深刻，记住得更多。

在阅读的过程中，眼睛的功能跟照相机类似。你把在读的单词拍成照片，反射到大脑里，然后大脑迅速处理单词的意思。

事实上，当你在读这段文字的时候，你的眼睛95%的时间是停顿的。你不是在平稳地移动你的眼睛，而是忽然停止又忽然开始。

因此，如果你能训练你的眼睛，每次停下时，看到的图片更大或者更全面，那么你在阅读时停顿的时间就会越短，获取的信息更多。图片更大意味着眼睛每次停下时有更多的单词反射到大脑里，大脑能够同时处理多个短语甚至多个句子。

一旦你的阅读节奏得到开发，你就可以连续阅读更长时间，且不会感到疲倦，每分钟得到的信息量也会更大。

阅读可以使你获得大量知识，而**知识就是力量**！所以，阅读能力提高将使你终生受益，譬如成为一个风趣健谈的人，或者成功申请到更好的工作。除阅读外，我不知道哪项技能可以使你获取如此丰富的知识，给你快乐，令你的生活丰富多彩。

（约770字）

✎ 写下你的阅读时间：＿＿＿＿（分）＿＿＿＿（秒）。

2. 阅读理解。尽量快速回答下列问题，**不要翻回去看文章**。看文章就是作弊哦。估计一下你认为做对的题目的数量，然后写在问题的结尾处。

不要回看原文，回答下列问题，判断下列陈述是正确的（T）、错误的（F），还是未提及（N）。

＿＿＿＿ 1. 你刚才读的这篇文章主要是关于眼睛移动的。

＿＿＿＿ 2. 阅读差的原因是自从小学毕业后就再也没有进行阅读训练。

＿＿＿＿ 3. 如果你一个单词一个单词地阅读，你每分钟的阅读量不多于300个单词。

＿＿＿＿ 4. 从逻辑视角，阅读的步骤是字母形成单词，然后是单词形成意群。

＿＿＿＿ 5. 单词是人们沟通的符号，但只有在词典上才能传达完整的意义。

＿＿＿＿ 6. 无效率的阅读者只有在不得已的情况下才去阅读。

＿＿＿＿ 7. 由于信息爆炸，跟上阅读潮流是非常困难的。

＿＿＿＿ 8. 在阅读时，你的眼睛在平滑地移动。

＿＿＿＿ 9. 如果你更有节奏地阅读，你不会感到疲倦，阅读时间会更长。

＿＿＿＿ 10. 阅读速度快意味着在每次停顿时，获取的信息更多。

现在，请估计一下，十个问题中你对了几个：＿＿＿＿＿＿。

3. 检查答案。翻到205页查看参考答案。如果有做错的题，标注出正确答案，再回到原文搞清楚自己哪里出了问题。

4. 计算理解力百分比。将你做对的题的数量乘以十。例如，你做对了5个，理解力就是50%。做对了8个，理解力就是80%。做对了10个，理解力就是100%。将你的理解力百分数写在206页上的"个人进度表"中。

5. 计算每分钟阅读的字数。查看你的阅读时间，以10秒整数计算，将时间四舍五入。例如，如果你阅读此文章的时间是2分钟27秒，那么四舍五入后，记录的时间为2分钟30秒。如果你阅读此文章的时间是1分钟42秒，那么记录的时间为1分钟40秒。请翻到208页的"阅读分钟数查看表"，你需要找到比如1分40秒约等于1.67分钟。在文章的末尾有全文字数，请将全文字数除以你的阅读分钟数，就得出了每分钟阅读的字数，将这个数字填入206页的"个人进度表"中。

6. 记录阅读训练分数。回到"个人进度表"中，确定你已记录下每分钟阅读字数、理解力百分比，以及做练习的日期。与此同时，记录下其他细节也会很有用，比如当天的阅读时间、关注的细节以及采用的阅读策略等。这些信息会使你明白，在阅读时，哪些对你有利，哪些不利。在以后的十天里，你要利用这张表跟踪你的分数。

每分钟阅读的字数意味着什么

你每分钟阅读的字数说明了目前你是一个什么样的读者。下面的列表[1]能让你快速了解自己所处的位置。

---

[1] 编者注：这个列表中的数字指的是英文单词的数量，是根据英文著作直译的。由于暂时无法找到有关中文阅读速度分级的权威数据，所以此处无法替代。有三个数据供中文读者参考：根据2000年颁布的《九年义务教育全日制初级中学语文教学大纲（试用修订版）》规定，初中生阅读一般的现代文应达到每分钟500字左右。根据2002年颁布的《全日制普通高级中学语文教学大纲》规定，高中生阅读一般现代文的速度每分钟不少于600字。华中理工大学管理工程系的廖建桥和张万山1996年发表于《人类工效学》的《论中文的阅读速度》一文中指出："根据实验数据，我们算出中文的正常阅读速度为309字/分钟。"

如果你每分钟阅读的字数是：	那么你就可能是一个：
100~200个英文单词	慢速阅读者
200~300个英文单词	普通阅读者
300~400个英文单词	优秀阅读者
400~500个英文单词	卓越阅读者

慢速阅读者之所以被定义为速度慢，是因为他们的阅读速度跟说话的速度一样。一个人说话的平均速度在每秒100至150个英文单词之间，所以按此速度阅读的人被定义为"说话者"。尽管你可能是这个世界上最安静的人，但这跟你的阅读速度无关。说话者一般有下列两个特点：他们要不就一边阅读一边移动自己的嘴唇，要不就在阅读时耳语或者默读每个字。基本上来说，他们在一个字一个字地读给自己听。

你有时候会感到奇怪，当有人跟你讲话时，或者在上课时，你怎么会做白日梦（想别的去了）? 这是因为，跟你讲话的人的说话速度为每分钟平均150个英文单词，但你的思考速度是每分钟400个英文单词。这就意味着，大脑每分钟有250个单词的空闲时间，它需要找点事情做。也就是说，如果你在精神上没有全力接受信息，譬如，听老师讲课或同事谈话，那么，你就注定会做白日梦，而且是做很多白日梦！

阅读速度很慢的读者在读书时，有时候会睡着。因为不幸的是，在阅读时我们的声音很少会像播音员一样抑扬顿挫，更像是发音单调的雄蜂。

普通阅读者大约每分钟读250个英文单词。这是其他人的研究得出的平均阅读速度，我自己做的调查结论也是如此。我教的学生我都保留了记录，包括开始上课的水平和上课结束时的水平，得出了这个平均阅读速度。参加的学员一般是企业员工，范围从一般的行政人员、秘书到中层经理，直至高级经理。我连续三年收集数据，将所有学员开始上课时的阅读速度取平均数，结果是：他们平均每分钟阅读252个英文单词。大多数学员自从小学毕业后，就再也没有进行过阅读训练。

阅读速度正常的读者在阅读时会默读，但不会像阅读速度很慢的读者默读的那么多。他们心中会认为自己属于阅读速度较慢的读者。在阅读时，他们的确比阅读速度非常慢的读者思考的多。

优秀阅读者在阅读时可能默读几句话，但一般来讲，默读的数量和频率比阅读速度慢的读者和阅读速度正常的读者少很多。他们一般不去解码单词，而是把句子分成几个意群或者短语。在第四章，你会学习更多这方面的知识。

大部分**卓越阅读者**也同样几乎没有受过任何正规的阅读培训。他们很少有人能弄清楚什么阅读方法适合自己，什么不适合。他们一般不知道自己使用的阅读策略叫什么名称。但是，他们想知道，自己的阅读方法是否是对的，想要没有负疚感地继续阅读下去。

你的理解力比想象中更好

对于此类文章的阅读，能理解70%到90%的内容，或者说10个问题回答对了7到9个，就算理解力不错。回答对了10个问题，或者几乎100%理解了文章，那就是卓越理解力。但是，一般情况下达到卓越理解力特别困难。记住：你是人，不是神！

小学教师让你做，但中学老师阻止你做的十件事

1. 你必须一个单词一个单词地读。

2. 你需要大声读出每个单词，或者在大脑里默读。

3. 用手指着阅读。

4. 你需要彻底理解你读的东西。

5. 你需要记住所有你读的东西。

6. 多读书——越多越好。

7. 不要略读，那是作弊。

8. 不要在书上写字。

9. 只要你读书，读什么书并不重要。

10. 阅读速度并不重要。

在阅读完本书后，你就会明白，为什么这些所谓的规则并不完全正确。

在查看答案前，我要求你自己猜自己做对了几个。我让你这么做的原因是，我发现，很多人低估了自己的能力，也就是说，人们实际做对的题数比自己猜的数量多。看出来了吧，我们大脑的工作方式很神秘。很多时候，大脑在我们不知不觉时高速运转，存储了大量信息。如果你属于这种类型，那就相信你的大脑，你的阅读理解能力比你想象的好。不久，你就会对自己的阅读能力充满信心。

阅读加速器：空白卡片法

很多读者对于借助手、笔或者空白卡片进行阅读感到不是很舒服。

还有一些读者问，不是不应该用手指着阅读吗？我来告诉你如何使用这些工具。

这个方法基于这个一个事实：你的眼睛会很自然地跟着动作走。如果你在办公室里跟一个人谈话，一个苍蝇在你附近绕圈飞行，你的眼睛看到了这个苍蝇，会立刻跟着苍蝇看；或者，你面对着窗户，这时有人走过，你的眼睛会很自然地随着这个人的步伐看，无论你的谈话是如何与其相关。

你的手、笔或者空白卡片，在用于提高你的阅读速度时，就称作"加速器"。把这个加速器看作汽车的变速杆。**"加速器"强迫你的眼睛随着指定的方向在书上移动，从而提高你的阅读速度。**

加速器的作用类似于赛车中的开路车。开路车带领其他车赛跑，在阅读方面，你的眼睛和大脑会跟上手或笔动作的速度。当车到达一定速度，开路车便退出跑道，表明比赛开始。在阅读方面，你的加速器起着完全相同的作用：它帮助你提高阅读速度，然后退出阅读，直到你再需要它时。当赛车时出现问题，如出现事故或者跑道上有碎石等，开路车会再回到跑道上，带领其他车达到一定速度。

当你阅读时，可能被下列情况打断：大脑打个盹，听到汽车喇叭声，听到电话铃声，等等。加速器会帮助你重新达到一定阅读速度，在赛车时意味着你的汽车在开路车的带领下又重新到了正式赛跑的时候。

此书的每一章，或者说，每一天，都给你介绍一个新的加速器。请记住，它们可能不一定都适合你，但是都值得一试，最后，请选择一个或几个适合你的工具。

当使用加速器时，请遵守下列规则：

1. 加速器向下移动，不要横着移动。

2. 不要停下来，或者回到前面重新读。

尽管你可以打破规则，但遵循这两个规则，你的阅读速度会更快。

让我们先学习第一个加速器——空白卡片法。你需要一个名片大小的白色空白卡片。如果你曾经拿着一个卡片（书签或手头的什么东西）阅读过的话，你很可能将卡片放在正在读的那一行的下面，但这并不合理。想象一下：你为什么挡住眼睛将要看的东西而留出已经看完的东西？这是一个低效、被动的阅读习惯，名为"退回阅读法"，即，你又回到你刚才阅读的材料上了。

所以，正确方法是**让空白卡片覆盖住已经阅读的内容，留出将要阅读的内容**。在你阅读杂志、报纸或者本书的时候，请采用此方法。你一边阅读，一边根据自己的速度向下移动卡片。以后，当你学习了其他的阅读方法后，此卡片阅读法会帮你读得更快。

如果你试了这个方法，感觉真的很别扭，先不要抛弃它。第二章的阅读会帮助你更好地理解构建此方法的重要性。请理解，这种别扭感也是学习过程的一部分。

重要提示：建立"阅读储备库"

在你准备开始阅读之前，先整理一下你的阅读材料。拿出一张纸，把你订阅的或购买的阅读材料记录下来，包括书籍、杂志、报纸、专业期刊，等等。现在很多人都用电子设备进行大量的阅读，所以将你在网络上订阅的推送、公众号、博客和社交网络也都记录下来。请持续记录一个月，随时补充。这就形成了你的"阅读储备库"。然后，给每种材料打分，评估它对你的价值，弄明白你为什么要保留它。如果找不到保留它的正当理由，取消你的订阅。这些材料都不值得你花时间打开它们。小提示：假如你订的某种杂志已经有四五本没有拆封，或者你订阅的某个公众号已经有四五条没有阅读，这就说明，要么你没有时间读，要么你认为它没有价值。你应该迅速把它清除掉。第七章会提供给你更多的，关于如何清除堆积的未读书籍的信息。

在第二章，你会发现"阅读引擎"的部件。你会仔细了解每个部件的作用，它们又如何对引擎起到微调的作用。你一定要确保油箱里的油是满的，下一章请继续奔跑在快速阅读的大道上吧。

2

提升阅读速度的关键：
眼部训练

为什么读完一本书却记不住？
因为你还是一个未经训练的阅读者！

引擎是赛车的核心。引擎安装得好，汽车在赛车时就会成为强有力的竞争者。引擎安装得不好，发生了故障，汽车肯定会被降到下一个竞争等级。在阅读中，你的引擎就是你的眼睛和大脑。尽管手对阅读很有帮助，但不是必须的。（在高速路上，你不用手就能阅读路标）。另外，你的嘴也没有多大用处，因为发音只会降低你的阅读速度。记住：当你一边读一边念时，你就将自己的阅读速度限制在每分钟150个单词的范围内。

在本章中，你会发现"阅读引擎"的部件，并了解他们是如何运转的，又如何对引擎起到微调的作用。

低效阅读和高效阅读的指标清单

下面是**低效阅读和高效阅读的指标清单**。每一个指标都在以后的书中有所描述。正像你看到的，这些指标的意义是相反的。比较一下左边栏目和右边栏目的区别，然后以第一个指标为例，按照下面的方法做标志：

● 如果你认为你的阅读速度慢，就在指标的左边打一个对钩。

- 如果你认为你的阅读速度快，就在指标的右边打一个对钩。

- 如果你认为这两个指标你都占着，就在左右栏的中间打一个对钩。

低效阅读指标	高效阅读指标
阅读速度慢	阅读速度快
眼睛移动不规则 *	眼睛有节奏地移动 *
理解力差	理解力好
窄视距 *	宽视距 *
无目的地读书 *	有目的地读书 *
一次读一个单词	按照意群阅读
使用相同的速度阅读 *	使用不同的速度阅读 *
什么都读	阅读前先评估
掌握的字词有限	掌握大量表达法和字词
阅读的材料相似	阅读各种不同的材料
不太经常阅读/不喜欢阅读	经常阅读/喜欢阅读
知识和阅历有限	知识和阅历很多

凡是带有 * 的是学生最常问的问题。

以上有些指标你自己就非常清楚，不需要解释；而另一些指标则需要进一步解释。让我们看一下带 * 的指标的特点，并分别看看它们的作用。

- **眼睛移动不规则与眼睛有节奏地移动。**如果你一次只读一个单词，或者读到一行末尾又经常错过下一行开头，又或者你发现自己在重复阅读同一行，那你的眼睛更多的是在不规则地移动，而不是有节奏地移动。

- **窄视距与宽视距**。如果你逐字阅读，视距就比较窄；如果你不是逐字阅读，或者一次读不止一个字，你的视距就比较宽。如果你更快地阅读，就需要每次视线暂停时读更多字词，拓宽视距。

- **有目的阅读与无目的阅读**。有目的阅读是指阅读某本书、杂志或者信件时，知道自己为什么而读。这与做事情时心中有目标类似。例如，读报纸时，你的目的在于了解世界热点或周边时事。无目的阅读指的是心中没有目标，如同去百货商店，说："我只是看看。"

- **一种阅读速度与多种阅读速度**。如果你读自己最喜爱的杂志和学校的教科书都是同样速度，这就意味着你在以一种速度阅读。作为一个高效读者，你需要改变阅读速度。当然，这取决于你对内容已知多少，或者你想从阅读中学到什么。

积极阅读与消极阅读

低效读者通常被认为是消极的，因为他们阅读时不会想办法提高阅读速度和理解力。你或许也具备一些低效读者的特点，因为你还没有学习如何变得更高效。与我共事的教育工作者们还没有意识到他们应该怎样教导学生成为高效读者，也没有人教过他们这些。

那么，消极的反义词是什么呢？积极！高效阅读者主动激活自己的意识。阅读时他们会很细心并且知道在必要时使用已知的阅读工具。这不是说他们会快速浏览所有内容，而是阅读时动脑筋思考并知道如何快速获取最多信息。

有效阅读与高效阅读

请不要将这两个词混淆。有效阅读只是说你理解了内容。例如，你花了三个小时阅读课本上二十五页的一个章节。如果你理解了内容，说明你是在有效地阅读；如果你没有理解内容，就是在无效阅读了。高效阅读是指你读一遍就了解了内容，有很好的理解力，并能够在更短的时间内读完。同样的二十五页的内容，高效读者可以在一半时间内读完并依然理解其内容。

阅读时的三个致命错误

最常见的消极阅读习惯包括走神、重读和默读。这些习惯让你无法实现高效阅读。**你不能避免这些习惯，但是可以减少它们出现的次数。**意识到这一点是提高阅读速度、赢得比赛的第一步。

走神

走神就是胡思乱想。所有的读者都会这样，但是积极的读者比消极的读者走神的次数少。有时候，阅读时走神也是有益处的：当你在脑海中将自己已知的知识与阅读对象联系起来的时候。例如，假设几年前你去过意大利，现在你在读的杂志文章是关于意大利艺术保护活动的，你的大脑可能回想起自己去意大利的经历。你会在脑海中将自己的个人经历与文章中出现的信息联系起来，我将其称为**积极走神**，因为这是你学习的方式。你在已知的知识与新知识间建立起了一座桥梁。

在这里我引用"脑胶"这个概念。你已知的和经历过的一切都是"脑胶"。你可以延展"脑胶"，并将新知识"粘"上去，这样你就是个积极读者。如果你沉溺于旧知识，不去拓展或添加新知识，那你就是个消极读者。

消极走神是胡乱思想，想若干不相关的事情或计划。比如，想着要预约兽医，或者计划一次即将开始的聚会，或者想_____。你自己填空吧！

消极走神会降低你的阅读速度，使你无法更好地阅读且浪费时间。如果你想进入获胜者的跑道，那么就需要减少消极走神。

重读

重读，即"退回阅读"是指眼睛回到刚才读的某个或某些字词上。例如，你刚刚读完一页，眼睛在这页的最后面，但无法回忆起刚才读了什么，于是眼睛又回到了这页的最前面。很多人在读书时，眼睛会无意识地、习惯性地退回到刚刚读过的那一行。当你阅读时常常感到困倦，即使是站着读也无法提起精神，那最可能的情况是：你的眼睛经常退回阅读。

正如走神一样，退回阅读也有积极的和消极的。**积极退回阅读**是有意识地回去寻找你失去的东西。你在有意识地阅读，但没有全部理解作者的意思。例如，你遇到一个生词时，你退回去读，试图明白它的意思。你退回去阅读是有目的的。

消极退回阅读是指由于大脑走神或者注意力不集中，不得不重读刚才的单词或者段落。很多人在阅读的时候不相信自己的大脑，这种不安全感创造了消极阅读的成熟环境。他们感觉，当阅读时，必须退回去重新阅读，以便保证完全理解了原文内容。这种情况类似于看电影时，你听到了一切，但不理解其中的意思，或者你认为自己听错了。如果你在家看电影，你会拿起遥控器，退回去重新看一遍。如果你在电影院，无法退回去看，这时，你就必须相信你听到的是准确的，或者你会从后面的内容中猜测前面的意思（人们常常是这样做的）。

当我班级的学生开始使用空白卡片法时，他们明显地意识到他们以前阅读时常常是退回阅读。这种意识，再加上空白卡片法，就可以慢慢减少消极的退回阅读。你可以试一下。

默读

默读是指在阅读时，在心理上你是在一字一字地读，或者在行动上表现为移动嘴唇。如果你的阅读速度低于每分钟200个单词，那么你就属于默读范围。你可能需要查看一下第206页的"个人进度表"。如果你的阅读速度很快，你也可能属于默读范围，但默读的程度很低。**请记住：你不可能彻底不默读，只能减少默读。**

有些情况下，阅读时出声是好事。例如，当你在学习或者背诵的时候，听到自己在给自己重复信息或者说出信息，这就是积极的。当你读诗歌或者剧本中的台词，你需要听到节奏和语调，以便真正地欣赏这些写作形式。学生们说，阅读《圣经》或者莎士比亚戏剧时，必须读出声来，否则就太难理解了，我深表赞同。这种情况下，不读出声来，就如同读外语一样具有挑战性。我也建议，在阅读法律文件和保险文件的小字体时，一定要一字一字地阅读，除非你是非常熟悉相关术语的律师或者保险经纪人。

尽管你有非常好的理由默读，但请记住：默读会降低你的阅读速度。当你规划阅读时间时，请记住这点。

所以，除非你在读《哈姆雷特》或者朗诵诗歌，否则读出声就是消极的，就会降低你的阅读速度。很多读者都认为，他们必须在第一次阅读某些东西时，就要研究透彻或者完全记住它们。我相信，这是你的另一个上学后遗症。在你甚至连这些知识是什么都不知道的时候，你如何研究或者记住它们？在第五章，你将学习一个非常好的阅读技巧，称为"预览"，它将帮助你首先发现阅读是什么，然后再开始正式阅读。

十种减少默读的方法

　　阅读时出声，无论是阅读时移动嘴唇，还是小声说出每个单词，都会降低你的阅读速度。每个人阅读时都会出声，但高效的阅读者尽量少默读。以下是十个已经证明的有效减少默读的方法：

　　1. **有意识地查验自己阅读时是否出声。**只有当你意识到自己在默读，你才能做些什么来避免它。

　　2. **非常快速地阅读。**这是到目前为止发现的最好的方法。你读得越快，你逐字出声的机会就越少。

　　3. **读关键词。**这会很自然地降低你说话的次数，因为你只读关键词。

　　4. **使用加速器。**每天，你都会学习使用一个新的加速器。无论是哪种加速器，都会提高你的阅读速度，降低你说话的机会。

　　5. **嘘。**在阅读时，将你的食指放到嘴唇上，就好像告诉一个小孩子不要出声，保持安静一样。每次感到自己在默读的时候，就把食指放在嘴唇上。

　　6. **发出模糊的声音。**一边静静地阅读，一边发出模糊的声音，例如"1、2、3"，或"啦、啦、啦"。

7. **哼**。一边静静阅读，一边时而对自己发出"哼"的声音。

8. **嚼口香糖**。试着一次嚼三至四块口香糖。阅读时，有节奏地嚼。

9. **将牙膏涂在嘴唇上**。如果你在阅读时移动嘴唇，你就会吃牙膏，这就提醒你，要停止默读。

10. **保持舌头不动**。将你的舌头顶在上牙床上，这是一个很好的方法。

阅读训练二：增强理解能力

好了，扣好你的安全带。现在到了评估你的引擎的时候了。下面的练习要在五分钟内完成。

下面这篇文章是给你使用空白卡片加速器的好机会。在阅读时，一定注意你的白日梦问题、退回阅读问题，或者默读问题。请留意，这些习惯是积极的还是消极的。

1. **计时阅读**。看看你读完下面这篇文章"与焦虑作战"要用多长时间，将你花费的总时间以分和秒的形式写入文章末尾的空白处。

与焦虑作战

约翰·D. 惠特曼

焦虑是好的，一定程度上甚至是健康的。从进化论角度看，可能正是人类焦虑的本能才使我们能够活到今天。远古时候，人类一般无法跑赢或者打败更大、更快、更凶猛的动物，因此随时保持焦虑，或者能够预期可能发生的危险的能力，有助于人类作为一个种族存活下来。

不幸的是，时代变了，我们的本能却没有改变。大多数人已经不再像祖先一样面临那么多直接的人身威胁和担忧。（此刻，你们中有多少人在时刻担心自己会被洞熊吃掉？）但是调查发现，美国人的平均焦虑水平在提高。这种慢性的焦虑严重时会发展成为焦虑症。在研究者将这种症状命名为GAD（General Anxiety Disorder），即广泛性焦虑症。研究表明，每二十个成年人中就有一个在某个阶段会受到焦虑症的折磨。为什么有的人容易忧虑，而有的人却能轻松哼唱："不要忧虑，只要快乐"？科学家认为这涉及很多因素。

很显然，有的人天生容易焦虑。弗吉尼亚医学院的研究者认为焦虑很大程度上来自遗传。后天容易焦虑的人在童年时期就会发展出这种趋势，有的是因为童年发生的令人不安的事件，有的来源于保护过度的父母，他们给孩子一种什么事情都会导致焦虑的印象。

一个相关因素是生命早期被赋予承担责任的任务。一项调查发现，三分之二的焦虑症患者提到，童年时期他们被要求承担成年人的责任，比如，照顾年幼的弟弟或妹妹。他们认识到，为了获得父母的爱，他们需要留意任何想象的或者真实的危险。

焦虑症的后果就是你越来越焦虑。大脑越焦虑，就越失去了区分真实存在的问题和虚构的问题的能力。

如何打破焦虑这一怪圈呢？临床医生会帮助焦虑患者来找出令他们焦虑的时刻。例如，一位患者在手腕上戴了个橡皮筋，每次她发现自己焦虑的时候，都会弄断它。帮助患者提高自我意识，认识到自己的精神状态，可以使患者更好地区分自己是在为真正的问题而焦虑，还是为了焦虑而焦虑。

医生不会告诉你，治疗焦虑症轻而易举，但是这一有效的治疗方案给我们带来了希望，让我们知道，焦虑症并不是需要为之焦虑的事情。

（约810字）

✎ 此处写下你的阅读时间：＿＿＿＿ 分 ＿＿＿＿ 秒

2. 阅读理解。 不看原文，尽最大努力，马上回答下列问题。然后，预估自己做对的题目数量并将其写入给出的空白处。

请判断下列语句是正确的（T）、错误的（F），还是未提及（N）。

＿＿＿ 1. 焦虑症又称为广泛性焦虑症。

＿＿＿ 2. 研究发现，大约二十分之一的人在某个时期会受到焦虑症的折磨。

＿＿＿ 3. 焦虑是人类本能，可以追溯到远古穴居人时代。

＿＿＿ 4. 女性比男性焦虑的人数更多。

＿＿＿ 5. 焦虑者并非天生。

＿＿＿ 6. 让孩子在童年时期承担成年人的责任会导致他们焦虑。

_____ 7. 焦虑越多，大脑便越难区分虚构的问题和真正的问题。

_____ 8. 越来越多的人选择参与到焦虑研究中。

_____ 9. E-GAD（Extreme General Anxiety Disorder）这个术语指的是重度焦虑症患者。

_____ 10. 存在有效的疗法可以治愈焦虑症。

现在，估计下这十个问题中你做对的个数_____。

3. 检查答案。 翻到205页答案页对比。如果有做错的题目，标注出正确答案，再回到原文搞清楚自己哪里出了问题。

4. 计算理解力百分比。 将你做对的题目个数相加乘以十，得出的理解力百分比填在206页上的"个人进度表"中。

5. 计算出每分钟的阅读字数。 查看你的阅读时间，将秒数四舍五入，翻到208页的阅读分钟数查看表，结合本文字数（810字）算出你的每分钟阅读字数，并将其写入206页的"个人进度表"中。

6. 记录阅读训练分数。 回到"个人进度表"中，确定你已记录下每分钟阅读字数、理解力百分比，以及做练习的日期。同时，如果能记下其他细节，比如，阅读时间以及采用的阅读策略等，也会很有用。

改善方法

减少走神、重读和默读的最好方法之一就是强迫自己快速地去读！通过提高阅读速度，你的大脑做白日梦的时间和机会就少了。你给大脑填满了单词——请比较一下每分钟150个单词的谈话者和每分钟400个单词的思考者的区别——这样就没有给大脑留出空闲走神。你退回阅读的机会也少了。另外，快速阅读自然就降低了耳语的机会，因为当你快速阅读时，就不可能一字一字地读。

大家知道，如果引擎质量不好，那么最好的办法就是，将质量差的引擎拆掉，换上一个更好的引擎，这样运行起来就非常有力量。阅读也是一样，你将用积极的阅读习惯代替掉消极的阅读习惯。

在没有进行正规训练之前，你也可能自己尝试着读得快些。也许是因为你想在较短的时间内读更多的书，也许你只是想试一试。你也许发现，尽管读得快了，但很多地方都不理解。这时候，你也许会自言自语地说："这有什么意义？如果我不理解，干吗要读得这么快呢？"

实际上，你已经遇到了麻烦，需要重新组装零件的时候了。你努力提升阅读技能的过程中，开始使用一套全新的策略。具有讽刺意义的是，开始的时候，你的阅读不但没有变好，反而更糟了。我把这个称为"暂时没有学会如何再学习"。但是，随着时间的推移，坚持再坚持，你的阅读技能就会提高了。

一个非常形象的比喻就是开自动挡车和手动挡车。举例说，你只会开自动挡车。结果有一天，你的车坏了，修车需要至少一周时间，但你又着急去单位开会。你的邻居说："你可以用我的车。"但这辆车是手动挡。这时，有些人会想："我宁可搭别人的车或者租车，也不开手动挡。"且慢！

你拿着邻居的钥匙，坐上车，将钥匙插进去，突然开车的感觉与以前不一样了。对新手而言，当你转动车钥匙时，车向前蹒跚而行，然后抛锚了。你不知道需要将脚放到离合器上——第三个脚踏板——停住车。更糟糕的是，有五个手动挡，并且倒挡字母R紧紧地盯着你。现在你想倒车，但不知怎么做。

现在让我们暂停下来，回答几个问题：你是车感很差还是技术不熟练？你感觉舒适自如吗？你感到自信吗，还是不安全？如果你开手动挡的车几天，你认为你会感到更自如吗？也许吧。第二天是否会比第一天好些？很可能。过几天之后，你会不会对自己的能力更有信心？我可以保证，在一周之后，你会更愿意开车并感到信心百倍，甚至可以一边开车一边喝咖啡或者打电话。**在开始时，重新学习一种自己已知的技能会令人非常苦恼，并且具有挑战性。如果你坚持下去，在不断试验的过程中，弄明白什么适合自己，什么不适合自己，你将学会这种你梦寐以求的技巧。**

视距金字塔和闪词阅读法

找一个伙伴帮助你做这个练习。不要害怕向人求助，如果身边没人，等找到以后再做。你们两个人要分工：其中一个人阅读，另一个人观察，阅读的人应该面对观察的人。阅读者可以选择任何材料阅读。本书就很不错，你积累的阅读材料也可以。阅读者拿起材料，放在眼睛下边，这样观察者可以看到阅读者的眼球。然后阅读者默默阅读30秒钟，观察者仔细观察阅读者的眼睛移动。完成后，两人互换角色。

你看到什么了？眼睛阅读的过程跟打字机相似。你看到眼睛在在一条线上快速移动，就跟打字机的小小针头在一条线上快速打字一样，在阅读者读完一行看下一行时，你甚至可以想象这很像打字机打字时发出的"嗒嗒"声——在有电脑之前都是这样打字的。

你真正看到的是眼睛不断地**停下和跳跃**。大约每四分之一秒，即眼睛一秒钟要停下和跳动四次。只有当你的眼睛停下时你才能阅读，或者获得信息。每次跳跃都是从上一次停顿到下一次停顿。在眼睛停下时眼睛看到的范围称为**视距**。记得前面提到的窄视距和宽视距吗？

如果你想读得更快，就必须在眼睛停止时看到更多，扩大你的视距。

确定视距范围

由于"**周围视野**"的存在，你可以通过扩大视距来提高阅读速度。"周围视野"就是你的眼睛界限，或者说，当你直直向前看时，左右两边依然能看到的范围。尽管外围部分看不清楚，但是中间部分——你直直地向前盯着看的部分——是非常清楚的。

有两个办法评估你的视野范围。两个办法都需要你的眼睛和手。

第一个办法：找到你的视野范围临界点。 紧紧盯着你面前的某件东西。把你的两只胳膊向前伸直，到肩膀高，把手指指向天花板。把胳膊和双手慢慢向两边分开，不要移动你的头和眼睛。一开始，你的手不在视力的中心位置，但依然能够看见。你继续盯着前面的东西看，移动双手，直到看不见双手为止。这时候，双手已经不在你的视力范围内，再把双手移动回来，到达刚刚能看见双手的程度。两只手的空间距离，这就是你的视野范围能力。

第二个办法：发现你的视距范围。 在课文的某一行的中间选一个字，在字的左边和右边分别放一个手指。紧紧盯着这个字母，不要移动头和眼睛。慢慢分开手指，露出更多的字和词。在你紧紧盯着这个字的同时，看看自己看得见多少旁边的字和词。这就是你目前的视距能力。经如此反复练习后，你的视距能力会得到提高。

在第四章，你将学会使用两个具体方法来拓宽你的视距：阅读关键词和阅读意群。但是现在，你先略微学习一下如何拓宽你的视野。

视距金字塔

请看下页的图表，注意力集中在每行中间的数字上，从最上面的数字开始慢慢移动视线到下一行，这样可以同时看到两端的数字或音节。当视线向下移动时，训练难度会加大。你可以时不时回顾下这个练习来测试你的周围视野能力。

4	1	6
26	2	57
44	3	60
38	4	16
92	5	11
47	6	15
81	7	66
94	8	12
80	9	28

j	1	r
ad	2	bo
be	3	to
ko	4	gr
fit	5	mop
lo	6	is
fa	7	ti
fun	8	jan
it	9	tip

闪词法

本练习帮助你迅速而精准地将短语划分为意群，同时也可帮助你掌握一种快速阅读的技巧——分节法，目的在于快速浏览每个短语，将其看作一个整体来阅读。

首先看第一组短语。手里拿一张空白卡片，盖住这一列短语，然后快速移动卡片，每次只显示一个短语，看一眼，再立即将其盖住。请大声说出或者写下你所看见的短语。如果不确定，可以猜测，然后揭开卡片来检查是否正确。重复这个练习，并时不时回顾这个练习来重新检测自己的技能。在每组短语最下面，请记录每次回答正确的短语数目。

第一组	第二组
成功事迹	她的紫色衣服
越来越多	奇怪的问题
失控	老熟人
死神	永永远远
如他们所言	时不时地
一劳永逸	带他跳舞
另外一个	与我无关
大清早	偶然的
时尚人士	实现梦想
六个月之前	医务人员
尽管如此	音乐剧
前前后后	如水晶般纯净

几点了	陈年老旧的
好于以往	视觉错觉
与此同时	细菌学的
免费信息	备用轮胎
成品	罢工
毫无疑问	添加到组合
备用轮胎	带去派对
我们的生活方式	远程办公者
回答正确的数量：＿＿／20	回答正确的数量：＿＿／20

正确的数量越多，说明你这个技能掌握得越好。如果你做得不够好，也不必担心，可以通过其他的方式改进。例如，下次你等红灯或者堵车时，快速看一眼前面的车牌号，然后移开视线，看看自己是否能准确记住车牌号的数字。你也可以借助路标、户外LED屏幕或者卡车车身上的广告来练习。

有关大脑的重要提醒

你的眼睛是大脑的窗户。如果你是个未经训练的消极阅读者，你的眼睛其实只睁开了一条缝。在接受训练成为快速阅读者的过程中，你的眼部肌肉需要伸展开才能在更短的时间内为大脑搜集到更多的信息。刚开始你的大脑可能无法这样超负荷运转，你甚至会听到它说："天哪！你在干吗？我可受不了这么大的信息量！"

好在实际上你的大脑在不停地搜寻它所接收到的每条信息的含义，即使有时你并未意识到这一点。大脑可能需要花些时间来弄明白眼睛所看见的，很快，你的理解力就会跟上，甚至比之前更好。

阅读加速器：左手慢动作

在第一章，我解释了"给阅读加个变速杆"的原因和做法，你可能想重新回顾下这部分有关加速器的知识。**最开始使用加速器时，你可能感到不太适应，不过随着练习的加强，你会感到越来越自如。**

当进行本章前半段的视距闪词练习时，你或许已经注意到，你会更加精确地注意到左边的信息而不是右边的。这是因为你从开始学习阅读就是从左读到右的。

这一章介绍的新加速器——左手慢动作——帮助你在向下阅读文本的同时视线落到每一行的初始部分。你可以选择一份杂志、报纸，或者这本书的某一页来试验下。左手的食指指着每行的左边或者每行的初始部分，当你往下一行读时，慢慢沿着这一列的左端向下移动手指。当你越来越习惯这样做时，可以试着移动得快些。

检验你的态度

我们来做个态度检测。请填写下句空白处。

我是个＿＿＿＿＿＿＿＿＿＿的阅读者。

你的阅读态度有所改变吗？

重要提示：利用碎片阅读加强训练

跟大多数人一样，你可能并不知道你每天或者每周究竟花了多少时间在阅读上。不过，可以确定的是，你想读但还没读的东西越来越多。为了更好使用本书的信息，你需要勇敢地尝试新方法。除非你真正把这些技巧都用起来了，否则它们不可能起到作用。这并不是说你每天都要投入多少时间训练。想一想，你每天都要阅读，看电子邮件、备忘录、报告、书本、报纸或杂志，你可以利用这些时间来练习而无须额外花时间。

查看下你的日程安排，来决定自己何时可以在每天阅读基础上加量，或者可以使用现有阅读时间来尝试练习。时间安排上可以随意些。放手去做吧！

第三章将会关注如何提高注意力，这是确保能够读得又快又好的一种重要技能。

3

集中注意力

专注地阅读使你花更少的时间，
获取更多的信息。

集中注意力是一种专注的技能，专心的能力。不熟练的阅读者努力集中注意力，却经常开小差，在读非虚构类的材料时（比如商务材料和课本）更是如此。

《注意力：获取专注的策略》（*Concentration：Strategies for Attaining Focus*）一书的作者贝基·帕特森认为，有五个基本因素可以解释专注的重要性，尤其是在阅读时。注意力可以帮助你：

1. 在快节奏的世界里更有效率

我们的生活越忙碌，选择越多样，时间也就越宝贵。若不能集中注意力，我们可能掉入需要同时平衡多件事情的陷阱，或者总是很忙碌但从没有意识到自己其实一直在原地踏步。

2. 具备成功人士的一大特征

成功人士懂得排除一切干扰，集中在一个任务上，如阅读、组织会议或打电话等。

3. 提高生活质量

想想吧：你的阅读时间有多少用在了思考过去和未来上？你是否忽略了当下时刻？学会关注当下是充实生活的最好方式。

4. 事半功倍。

比起把时间用在消极开小差上，专注地阅读使你花更少的时间，获取更多的信息。

5. 使精力得到充分利用。

当你真正集中注意力时，你不会感到饥饿、疲劳或无聊，而是充满了能量和无限可能。

你觉得自己现在十分专注吗？如果是，是什么促使你做到这点的？如果不是，又是什么在干扰你呢？你可以怎样更加集中注意力呢？下面这些问题的答案就是本章的中心。

为什么刚读几页就"走神"？

赛车后勤团队的专长在于修整汽车为比赛做准备。这个过程意味着完成一系列的，而不是单一的任务，包括调试引擎、更换汽油、测试胎压等。团队中的任何人注意力不集中都意味着可能输掉比赛。

阅读有时会帮助你集中注意力，不过有时，甚至更多时候会分散注意力。创造合适的条件，以实现最大程度的专注，最终还得靠自己。

我们来了解一下如何在阅读时集中注意力，首先需要搞清楚是什么因素在分散注意力，以及如何掌控这些因素。

选择阅读对象

如果你接下来会有一周的假期，你就需要考虑一些事情，比如，想去哪里，为什么会，怎么到达那里以及想做些什么。

就像你动手为假期做准备一样，你也需要准备好大脑开始阅读，这是帮助你集中注意力和提高阅读效率的第一步。在开始阅读之前你可以自问两个最有用的问题：

1."我**为什么**读这个？"

2."我读这些信息**做什么**？"

你对这些问题的回答会帮助你明白自己阅读的**目的**和**任务**。在阅读之前，我与每一份阅读材料进行一次假想中的对话。比如，假设我的下一份阅读材料是一份专业期刊。我把它放在手里，看下封面，然后自问："我为什么要读它？"如果找不到一个合适的理由，那么我可以选择不去读。如果不确定，我会打开它快速浏览目录，看到感兴趣的文章，再问一次："为什么要读它？"在脑海中自己回答这个问题。比如，读它是为了"扩充知识"，或者是为了"了解最新时事"。如果在阅读之前记得问自己"为什么"，你或许会找到更多理由去读某一份材料。

一旦了解目的，接下来就要思考你的任务。"我需要这些信息做什么？"或者"我使用这些信息做什么？"例如，我需要这些信息"完成测验""参加会议""销售产品"，或者"帮孩子在学校表现更好"等。

我的很多学员告诉我，当他们有意识地带着目的和任务去阅读时，他们为成果感到惊讶，只阅读有用的信息，为他们省下很多时间。他们也发现自己注意力集中了，从而更加有助于理解。

你在哪里阅读

回想一下你经常阅读的地方。拿张空白纸（多大的都行），画一幅你的阅读地点的草图，包括那里的所有摆设，如电脑、电视、椅子、电话、立体声音响、门、窗户、垃圾箱等。

画完草图后，在图上把自己常坐的位置标注出来，然后圈出或者用荧光笔标出房间里会分散你注意力的东西。对比下面的干扰因素列表，找到自己阅读时可能的干扰因素。

十大阅读干扰因素

这个常见阅读干扰因素列表是我从学员中收集来的。意识到这些因素的存在能帮助你更好地集中注意力。请用对钩标注出可能干扰你的因素。

1. **他人**。当你在办公室工作或者在家陪孩子时，可以确定的一点是其他人会干扰到你。如果你被打扰了，注意力分散，你的阅读时间也浪费了，甚至，你忘记了自己本来要干什么。如果你经常被打扰，你可能变得紧张或者充满挫败感，使得集中精力阅读变得更加困难。

2. **电话**。如果你和室友同住，或者你的孩子正值青春期，那么你家的电话可能经常响起。如果你在上班或者独自在家，不停地接电话会严重影响你的阅读。

3. **电子邮件**。如果你的电脑在接收新信息或者邮件时，有声音提醒，这也会干扰到你的阅读。

4. **电话、传真**。电话、电邮和传真，我称其为"紧张因素"。当电话响起，新邮件到来，或者传真响起时，你的大脑通常会紧张一阵子。对很多人来说，白天这些时常发生，使得大脑重复性地紧张。觉察到打入的电话或者进来的信息是一回事，要停下你所做的事去处理它是另一回事。

5. **音乐**。很多成年人阅读时通常不会听音乐，主要是因为他们发现随着年龄增长，他们越来越难忍受阅读环境中的噪声。青少年却不同。他们相信即使听着有歌词的、声音很大的音乐，他们也能集中注意力。其实，有歌词的音乐尤其干扰阅读，因为这样就减少了大脑可解码的单词数。它会使你慢下来。

6. 电视。试想，如果你在阅读时打开电视会怎样？你会更多地关注阅读还是电视机？有人在插播广告时阅读，意味着每半个小时有八分钟的阅读时间。但是电视是有视听效果的，这会导致你压根儿不想阅读。

7. 阅读地点太过舒适。如果只是为了消遣而读书，你希望会是在哪里？是在舒服的沙发上、躺椅上，还是在床上？当你为了工作和学业而读书时，你会选择上述地点吗？在沙发上、躺椅上和床上，大脑习惯于放松；而在书桌旁，大脑则习惯工作。如果你试图在应该放松的地方工作，那就只能事倍功半了。

8. 对阅读对象不感兴趣。如果你对阅读材料提不起兴趣，大脑或许会走神，告诉你压根儿不需要读这样无聊的东西。只是，有时你必须强迫自己阅读不感兴趣的东西，尤其是工作材料和学习材料。

9. 心事重重时。如果你脑子里塞满了各种各样的事情，阅读就会变得很难。如同你无法将更多书本塞进已经饱和的书桌，你也无法加入更多信息到已经占满了的大脑。

10. 在一天中错误的时间阅读。每个人都知道自己一天中什么时候更容易集中注意力。有些人早起精力最好，他们在早上更有效率更专注。有些人则是夜猫子，晚上注意力集中，可以熬夜到很晚。你需要知道自己什么时候最清醒，什么时候最懒散，这两点同样重要。重操学业的成年人经常在忙完一天的工作和家庭事务后，做功课到深夜。如果晚上并非他们理想的阅读时间，他们通常要花更多时间阅读，理解的效果还不好。所以，为了让阅读更有效率，他们或许需要早起一些，在清晨阅读。

提高专注力的方法

针对这些干扰因素，有一些常识性的方法可以帮助你回到正轨，当然，这取决于你自己的状态。

1. 远离干扰，隐藏自己。商务人士可以找个开放会议室或者空办公室来躲避他人和电话及电脑的打扰。如果你所在的办公室或房间有门，那就关上它。学生可以去图书馆或者找间空教室来安静阅读。父母们可以与其他家人轮流陪孩子玩来挤出安静时间。

2. 使用技术手段。当你不方便接电话时，电话或者语音信箱可以帮你记录留言。你可以自己决定多久之后或者何时查看信息。你可以设置邮箱的程序，在指定时间收取邮件，比如一天三次，这样你就不会被随时到来的邮件打扰了。

3. 请他人代劳。如果你想享受一段不受打扰的时光，你可以与同事或者室友商量，轮流接电话。如果你是个需要在家工作的人或者在宿舍学习的学生，可以让你的室友帮你记录留言，直到你做完手头的事情。

4. 听听莫扎特。在阅读或者学习时，推荐你听莫扎特或者其他的古典乐，这可以帮你集中注意力。伴随着这样的背景音乐，你可以更专注地处理手头事务。这样的音乐会让你放松，而这恰恰是很多人工作时需要的状态。如果你不喜欢莫扎特，那你可以选择一些慢节奏的纯音乐。钢琴曲或吉他曲可以起到很好作用，当然，要确保它们不会干扰你。

5. 换个更合适的地方。 如果你想尽可能地更集中更快速地阅读，坐在书桌旁吧。在这样的地方，大脑会更加乐意工作。

6. 关掉电视。 看电视时，你可以翻阅流行杂志，却看不了专业期刊。当你带有严肃的目的和任务阅读时，应该放弃看电视。

7. 在最有效率时阅读。 如果你在早上刚起床时最有效率，那么，起床后就立即开始阅读。喜欢早起阅读的人，可以在晚上轻松些，早睡早起。你会读得更快，学得更多，记得更牢。调整你的阅读时间来适应身体的自然规律。

8. 倒空大脑。 如果你要开始阅读，脑子里又有很多事情，你可以写下你在思考的事情。如果你担心会忘记给某人打电话，可以做个笔记。如果你在思考正在准备的一件要事，可以写下概要。随时带着纸笔，因为你永远不知道自己是否会忘记不该忘记的事情。同时，要相信你的潜意识会在你没有注意到的时候帮你解决问题。

9. 限制时间。 为阅读某一材料设定一个合理的时间限制，比如十分钟读完这篇文章，一星期读完这本书，等等。如果阅读的时间是有限的，那你就会更专注。

10. 稍事休息。 与大家普遍认为的观点不同，你并不需要长时间不间断地阅读。你可以用短短五分钟，也可以用长达三十分钟的时间来浏览一份报纸。记住，这取决于你的目的和任务。不过，如果你是大学生或者商务人士，有大量的阅读任务需要完成，那么你也需要拿出较长时间段来阅读。

长时间的阅读会导致疲劳，不给大脑和眼睛休息的时间。如同赛车手在比赛中不停歇，最终会汽油用尽、轮胎报废。在比赛过程中快速休整至关重要。赛车手可以进入维修道来加油、调整、换轮胎等。

比赛时间越长，需要休整的次数越多。为了更快到达终点，花些时间来休整是很值得的。

很多车手在看到黄旗挥舞时会停下休整。比赛通常会因为车道上出现事故或车体碎片而减速。同样的道理，当你阅读时，也可以在感到注意力不够集中时停下短暂休息。研究表明，人在阅读时，注意力可以持续20分钟。因此，每20到30分钟，你可能需要快速休息一下。不要超过一小时了还不休息，休息间歇越短，回到之前的阅读速度，所需要的时间也就越短。

如果你采纳了上述建议，你会变得理解力更好、注意力更集中，也会降低心不在焉的概率，真正在阅读中做到事半功倍。

理解力挑战：十分钟测试

有人说他们可以在看电视、听音乐或吃饭时依然高效阅读。我建议他们做一下这个十分钟测试来检验实际情况。

第一步：准备一份阅读材料，在平常的地方和环境下读十分钟。如果你习惯阅读时听广播，那就打开收音机。如果你喜欢阅读时吃东西或者看电视，那也保持不变。十分钟后，写下你读的页数、内容，以及如果走神的话，你在想的东西。

第二步：现在对你的阅读环境做些改变，实际的或者心理的。你可以将广播改为古典乐；关掉电视；不再吃东西。使用同一份材料，接着上文再读十分钟。然后写下如上的内容。

第三步：自问："什么环境能让我读得更多，理解更好？"并比对两次测试的成绩。开始，你可能不适应在没有干扰的环境下阅读，但是最后你会发现安静的环境会帮助你尽可能地提高阅读注意力。

阅读训练三：提高阅读专注力

现在是时候来个自我检测了。下面的练习请在五分钟内完成。使用"提高专注力"部分的建议，找一个最有助于集中精力的环境开始阅读。

在下面的练习中，你可以试验空白卡片加速器（见第一章）以及左手慢动作（见第二章）的效果。阅读时，请留意你是否在开小差，重读，或者默读。另外也要注意这些习惯是主动的还是被动的。

1. **计时阅读**。检验你要花多长时间读完文章《真正的运动员》。在文章末尾写下时间。

真正的运动员

约翰·D. 惠特曼

体育赛事最生动又激动人心的时刻莫过于运动员瞬间变成超人。

这并不意味着举重运动员举起从未有过的重量；或者跳高运动员一跃跳出新纪录。有些体育赛事最伟大的时刻与进球数多少和胜利者的速度并无关系，而是在于运动员将不可能变为可能。

这样的时刻太不可思议，太过完美，以至于将其写入小说，都没人会相信这是真的。

创造奇迹的最伟大的运动员之一就是迈克尔·乔丹，前芝加哥公牛队的明星球员。乔丹的职业生涯有一长串的高分纪录、

英雄时刻和精彩瞬间。他在20世纪90年代曾率队拿了六次冠军。

球迷和解说员们猜测1998年会是乔丹的最后一季比赛。然而，那一年乔丹带领公牛队又拿到了各轮比赛的冠军。那次，他们面对的是犹他爵士队，曾经在所有常规赛比赛中战胜他们的队伍。

在乔丹领导下，公牛队在系列赛的前几次比赛中掌控了局面。尽管他们在第六场比赛开始时以3比2的优势领先，但很快势头倒向了爵士队，这要归功于他们的全明星前锋——卡尔·马龙。

但公牛队的乔丹可是个不服输的人。在他充满奇迹的职业生涯的最后一刻，他做了一系列的动作，将其职业成就推向了巅峰。

在倒计时37秒时，他一个单手上篮得分，将比分掰回至86比85。紧接着，当马龙要在篮下抢占位置时，乔丹悄悄围过去并将其抢断，并运球至篮下，守卫布莱恩·拉塞尔拦住了他，这位巨星停了一下，然后身子左倾，继而转身向右，用假动作成功骗开了拉塞尔。就在一刹那，在剩最后5.2秒时，乔丹将球投了出去，篮球绕篮筐旋转几圈后空心入网，公牛队取得领先。公牛队赢得了比赛，并实现了六连冠。

似乎有太多的话要说：伟大球员在职业生涯的最后一刻，使出浑身解数实现了超人类的一击。体育世界期待运动员超常发挥，而迈克尔·乔丹恰恰做到了这点。

（约710字）

✎ 写下你的阅读时间：_____ 分 _____ 秒

2. 阅读理解。尽最大努力回答下列问题（不要再看原文），估计自己做对的个数，并将其写到空白处。

不看原文，回答下列问题，是正确（T）、错误（F），还是未提及（N）。

_____ 1. 体育赛事的最伟大时刻发生在运动员战胜一些看似不可能的挑战时。

_____ 2. 迈克尔·乔丹效力于底特律公牛队。

_____ 3. 加入公牛队之前，乔丹效力于犹他爵士队。

_____ 4. 迈克尔·乔丹带领队伍夺得了四连冠。

_____ 5. 在1998年的冠军系列赛中，尽管迈克尔·乔丹势头强劲，公牛队还是输掉了前几轮比赛。

_____ 6. 迈克尔·乔丹因为想要更多陪伴家人，所以选择了退役。

_____ 7. 在最后冠军赛中，布莱恩·拉塞尔在乔丹运球时，犯规被罚下场。

_____ 8. 迈克尔·乔丹被认为是超级球员，因为他也是职业棒球手。

_____ 9. 尽管彼此效力的球队互为对手，卡尔·马龙和迈克尔·乔丹是好友。

_____ 10. 迈克尔·乔丹在其职业生涯的最后一轮比赛中展现了非常人的技能。

现在估计下这十个问题中自己做对的个数：_____。

3. 检查答案。翻到205页答案页对比。如果有做错的题目，标注出正确答案，再回到原文搞清楚自己哪里出了问题。

4. 计算理解力百分比。 将你做对的题目个数相加乘以十，得出的数字填在206页的个人进度表中。

5. 计算每分钟的阅读字数。 查看你的阅读时间，将秒数四舍五入。翻到208页的阅读分钟数查看表，结合本文字数（710字），算出每分钟阅读字数，将其写入206页的个人进度表中。

6. 记录阅读训练分数。 回到个人进度表中，确定你已记录下每分钟阅读字数、理解力百分比，以及做练习的日期，同时，记录下其他细节，比如，阅读时间、其他事务以及采用的阅读策略等，也会很有用。

让阅读更专注的笔记法

这里有一种很好的提高注意力的方法，我们称之为"笔记法"，用来帮助你有意识地定位和存档最重要的阅读材料。你不需要一直使用这个方法，因为这很浪费时间，尤其是你的阅读目的并不严肃或者记了笔记也没有用处时。笔记法可以在下列情况下用到：

1. 当你需要再次查看信息时；

2. 需要快速定位某些信息，比如某个引言或者数据时。

有效地使用荧光笔

提到荧光笔，很多人使用起来并不是很有效。他们把荧光笔作为一种染色工具，用来画出想强调的段落（当然这是个积极的阅读方式），继而画出每一行。他们或许会注意到，行与行中间有些白色空隙，就再用荧光笔填满。最后，荧光笔画的边缘很不整齐，为了看起来整齐些，就再框出整个高亮了的段落。

这种做法**让人分散精力，且浪费时间**，因为这样**会延迟学习进程**。如果你想应付测验，使用高亮法会使你变得很没有效率，最后你会不得不重新阅读整个段落，想搞明白自己**当初为什么要用荧光笔**。

如果你想有效地使用荧光笔，那么，**只标注关键字**。尽量不要高亮一个以上的短语。适合高亮的关键词是那些在句子或段落中含义最多的词汇。现在你可以回到上段中只读黑体字，作为有效高亮的示范做法。

如果需要高亮整个段落，可以使用边注（见下一部分）。唯一需要高亮整个段落的时候是文档引用时。一般情况下不需要标注出整个句子或段落。

使用边注

使用边注有时比高亮更简单有效。放弃荧光笔，改用钢笔或铅笔，在有用段落的旁边画一道垂直线或者加个大括号，然后迅速重读此段找出最重要的信息，在空白处写下自己总结的关键词和缩写。例如，如果要在上述有黑体字的段落空白处做边注，可以这么写："无效高亮拖延阅读进程的三个理由"。如果你需要复习这一段的内容，你只需要看边注和高亮的部分就可以了。

做好详细笔记

做笔记很费时间却很有价值，尤其是学习不熟悉的材料或者记录细节时。你能做的就是做好阅读笔记，并把它用自己的话写成大纲，这尤其适用于非文学的事实性材料。在笔记本左边写下新标题，然后在右边写下细节。

针对小说的阅读笔记可以记录各个角色、情节、矛盾、高潮，以及结局等。这样的笔记可以记在简单的卡片上，也可以记在精美的笔记本里。

如果你只是为了消遣而阅读，简单记录下人物和事件就可以，尤其是你隔了很久才读一小段时，笔记可以帮助你想起人物和事件，让你不至于因读不懂而沮丧。

如果你为了学习而阅读，需要了解更多细节，包括何人说了什么话以及何时发生了什么事，你可以读完一章再总结下最重要的任务和事件。事实上，你在通过这种方式预测老师可能测验到的问题。

找些你必须读的材料——可以是报纸或杂志上的文章——试一下使用上文中的荧光笔的使用法、边注法及笔记法，看一下哪种做法最有效。记得仅仅出于目标和任务的需要记笔记，否则，你就是在浪费时间。

阅读加速器：右手慢动作

在第一章，我说过我们要学习多种"加速器"。记住，你可能发现并不是所有的办法都起作用，不过，试一下每个办法，然后坚持使用最有效的那一个。

右手慢动作，与左手慢动作（见第二章）相反，帮助你关注到每行的末尾，同时继续读下去。你可以选择杂志或报纸中的一页或者是本书来试验下。用食指对着段落的每行右边结尾处（你手里必须没有其他东西），当读完一行到结尾食指处时，慢慢继续移动手指到下一行的右边。当你越来越熟悉这个方法时，试着加快移动手指的速度。

检验你的态度

我们来做个态度检测。填写下句空白处。

我是个＿＿＿＿＿＿＿＿＿＿的阅读者。

你的阅读态度改变了吗?

重要提示：改变阅读环境

你要意识到阅读时的干扰因素并不是一次性的事件。当你想把阅读环境做个改变时，或许会发现自己不曾想到的其他干扰。比如，你下班后想到公司餐厅找清净，却并不知道另一个部门要在这里开会，这时就必须换个地方了。

尽力创造有效的阅读环境，但是也乐意做出改变，毕竟你是个凡人，不能读或者不想读的时候不要强迫自己。

在第四章，你会了解到改善眼睛的阅读习惯的三个方法，它们使你放宽视距，一次读更多单词。通过使用这些方法，你的大脑会飞速转动，理解力也会提升。继续读下去吧！

4

质的飞跃：
提高阅读能力

阅读能力决定学习能力。

这一章会很有趣，你的眼睛和大脑会得到很多锻炼，你会尝试增加视距的多种方法。如果找到对自己最有效的方法，可以将它们训练成为阅读习惯的一部分，你会在更短的时间里阅读更多，并有更好的理解力。

当你试着扩大视距，一次阅读更多内容时，起初大脑可能有理解方面的困难。为了更好地解释这点，你可以把眼睛想象成大脑的窗户。如果你一次只看一个单词，大脑只需要解码一个单词；如果，你把窗户（视距）开大些，你的大脑会对一次性接收到的大量信息不知所措。不过随着不断重复使用这个方法，你的大脑会适应这个新窗户，并能很好地理解所读内容。

所以当你学习快速阅读技巧时，先不要担心自己的理解力提不上去。在你真正上路之前，需要先习惯这个快速引擎的使用方法。

逐字阅读 VS 关键词阅读

你或许被教育并且一直相信要逐字阅读，其他都是"骗人"的。这种观点来自你的小学老师，自然而然的，你需要仔细读每一个单词。那时候你正在学着如何阅读，需要这么做，因为你在学习每个单词的拼写和意思，还没有经验来根据上下文猜测词汇的意思。如果小学毕业后没有接受过任何阅读训练，你可能还是习惯逐字阅读。

此外，你总有个印象，就是如果逐字阅读，你肯定会更好地理解意思。如果现在逐字阅读，你能保证全部理解吗？不会的。这会让时间得到充分使用吗？当然不会。所幸作为成年人，你已经有了足够的词汇量及其含义这一背景知识作支撑，可以让你尝试快速阅读法并受益。

"遇关键字停顿"这一方法很有用，可以立刻提高阅读速度，也可以避免默读。所谓关键词是句中比较重要的词汇，通常多于三个字母且体现整个句子的含义。例如，大多数人会逐字阅读下面这个由16个字组成的句子：

这个任务由一系列的步骤和元素组成。

通过寻找并抓住关键词，可以既省时间又能理解句子。现在只读下面画线的四个词语。

这个<u>任务</u>由<u>一系列</u>的<u>步骤</u>和<u>元素</u>组成。

现在看下没有画线的字，这些字你读过多少次？你有没有发现画线关键词承载着整个句子的意思？试想下，假设你读这16个字的句子时可以只读，或者说，只抓住这其中的四个词，意味着什么？你的阅读速度至少可以翻倍！

抓住大词，或者说关键词，并不意味着要跳词。你只需要每次移动眼睛时注意到关键词即可，这样做实际上拓宽了视距，从而理解力也跟着提高了。

当你开始尝试这个方法时，要知道关键词没有所谓对错和多少。

如果你抓住太多关键词，就会浪费时间，又倾向于默读；如果太少，你可能并不理解你所读的。

快速定位关键词的视线摇摆法

拿支笔快速画出下面段落中的大词，只求速度，不求理解。如果读完后发现所有词都画线了，或者一行中就只有几个，不必介意，如果你扫过一个词不太确定是不是关键词，只管画出来，你只需要尽快做完。

> 顺势疗法是基于"以毒攻毒"原理的一种系统医学。意思是，如果一种物质能使健康人生病，那在有相同病症的病人身上就可以激发自我治疗。这一原理的真实性在过去的两百年间已经得到实验和临床印证。顺势疗法的具体治疗原理仍然未知，但过去200年间的临床经验和研究已经证实了其有效性。
>
> （文章使用获得国际顺势疗法中心的授权，节选自弗吉尼亚州亚历山大市《今日顺势疗法》杂志。）

读完，再读一遍，眼睛只关注画线的单词，看是否需要做些改变来更好理解原文。你可能眼光自然停在句首词，不管其长短和重要与否，这是因为这对大脑是个重要的起点，值得关注。

上述有关顺势疗法的段落共有131个字，大约30个关键词，你可以数有下画线的词看是否接近这个数字。当你越发熟练定位关键词时，你会注意到自己更加擅长找到长词和最重要的词汇。你眼光可能停留在诸如"如果""和""但是"或者"这"这类词上，但它们并非关键词。记住，只要你主动找出大词和重要词，你就会更快阅读，且理解得更好。

现在可以在本书中或者你的待阅文件中找一页或一段文字来进行阅读，找出关键词但不要画出来。开始，使用下画线是为了熟悉这个方法，你想使用关键词阅读法时随时可以再用上，不过，如果不停画线，会降低阅读速度和效率。

练习：视线摇摆

你可以训练眼睛来找出关键词。试着"摇摆"视线来进行快速阅读必需的有效眼部运动，这样的小练习可以帮助你形成流畅的阅读节奏。

阅读时视线停留在每行的粗线上，然后滑过旁边的黑点，再停留在粗线上，以此类推读完整段。注意，头不要移动，只移动双眼，尽

可能快速精准地练习，必要时可以重复训练。

练习：训练眼部肌肉

这个练习最早出现在1956年保罗·利迪的《助成年人提高阅读能力》一书中，直到现在我在工作室里依然教授这个方法，这样建立有效眼部运动简单又有效。

1. 在本书封面的反面或者一张空白纸上，画出如下的日期和时间表。

日期 | 时间

2. 把今天的日期填入日期栏中。

3. 旁边放个带秒针的时钟或者秒表，计时做下面的练习，一次练习有可能长达2分钟，也有可能只需30秒。请记住：

- 沿着每行横着读，而不是向下读；
- 边读边理解

本练习   的目的   在于训练

帮助眼睛   左右移动   的小肌肉群

不正确的   阅读习惯   时常导致

这些肌肉   不规律   又低效

地运动。   试着让   你的眼睛

按照   每行移动三次的   节奏运动。

试着感受   使眼睛移动的   六块

小肌肉   的轻微拉动。   你会注意到

有些短语　　很短　　其他的更长些。

这是　　有意的。　　不同的人

看到的　　每行宽度　　各不相同。

在这些　　练习中　　试着将

一眼看到的　　所有单词　　看作一个组合。

眼睛注视　　每个字词组合　　的中间点。

有时　　你会感到　　你的视野范围

似乎　　拉宽了。　　那就太好了！

也有时　　短语　　太短了。

我们需要追求　　越来越宽　　的字词组合。

这样　　你的眼睛就会　　一次性

捕捉到　　越来越多的　　单词。

试着连续几天　　每天　　阅读这个练习

两三遍。　　每次　　阅读时

记录下　　你花费的　　时间。

你很快　　就会掌握　　这个要领。

当你看　　每个短语时　　不要让

眼睛　　"滑过"　　或者"掠过"

而是看　　短语的中间部分。　　有力地、

迅速地瞥一眼。　　一次看全了。　　只看一眼，

然后继续往下看　　再往下，　　一直这样，

直到练习的　　最末尾。　　现在，

你花了　　多长　　时间

来阅读这一段？　　把时间　　记录下来。

现在将你读完上段用的时间写在"时间"栏下。

现在，你已经尝试并理解了这个练习了，你已经掌握了一个极具价值的要领，猜猜是什么？作为读者，你可以拥有的最具价值的信息会是什么？背景知识！你可以使用背景知识再次做这个练习。

现在再次读一遍上文，给自己计时。但是这次**只求速度，不求理解**。然后将得分计入你的时间表。各就各位，预备，开始！

再次阅读时，你可能已经感觉到了在读每一行时，你会"三读三停"，有节奏地阅读了。因为第一次阅读使你的眼部肌肉伸展，第二次阅读时，字词可以更容易地进入视野。如果你能找出这个练习的节奏，就会很容易找出其他阅读材料的节奏了。

你做这个练习的目标时间应该是15到40秒。如果能坚持在这个时间限制内阅读，你就会培养起高效眼部阅读的习惯。

现在你已经了解了"视线摇摆"和"训练眼部肌肉"的技巧，哪个对你更有效呢？

阅读意群

阅读关键词是个很有用的方法，可以减少自言自语和激活大脑找出句中更多重要的词。另一个同样有用的方法是阅读意群，又称为短语法。上述"训练眼部肌肉"练习已经介绍到了这种方法。

阅读下面的段落并留意被斜线隔开的意群。

意群阅读法/就是阅读/构成同一思想/的一群单词/。通过寻找/这些意群，你迫使视线/在保持/好的理解力/的同时/移动得更快些。

上述段落中第一个句子有20个字，4个意群。第二个句子有30个字，7个意群。学着眼睛每次停顿时抓住一个意群肯定比一次只读一个字更加有效。你的大脑会积极配合眼睛，抓住意思相关的字。

拿出笔快速找出下面段落中的意群，在两个意群中间画斜线。

顺势疗法治疗患者的全部问题——包括生理的，心理的，还有情感的——并且采取一对一的治疗方式。比如，顺势疗法医生治疗感冒患者时并不认为所有的感冒都是相似的，而是需要询问患者的独特症状。比如：这个人是怕冷还是发热？是流鼻涕还是鼻塞？是在压力之下，发怒之后还是缺乏睡眠之后患上的感冒？医生想尽力获取患者感冒后的所有个人感受，然后用与其症状最吻合的顺势疗法药物进行治疗。

（文章使用获得国际顺势疗法中心的授权，节选自弗吉尼亚州亚历山大市《今日顺势疗法》杂志。）

读完后，再回顾一下你画出的意群是否有意义。上述段落共有178个字，约35个意群。意群无所谓大小，只要能形成一个意思就是一个意群。试想下，养成阅读意群的习惯对你快速阅读的能力有什么影响。它可以帮助你理解原文，因为你每次读的是意思，而不是单个无关的词汇。

现在试着从本书或者待阅文件中的某页来寻找意群，不再画斜线。开始时使用斜线只是帮助你掌握这种技巧，当你认为需要这种练习时，随时可以重复练习。不过，如果一直使用斜线，会降低阅读速度和效率。

阅读关键意群

有些人（包括作者本人）觉得将关键词和意群结合起来成为关键意群这一做法很有用。这一做法没有对错，也没有特定的方式来教授，只不过是要大脑主动地搜寻最关键信息（无论是关键词还是意群）的一种方式。

你可以自己组合这两种方法，这就意味着你可以使用关键词和关键意群来读一个句子。你或许先读到一个关键词，然后再一个关键词，再一个意群，然后再一个关键词来读完一个句子。不断尝试，反复犯错，可以帮助你找出对自己最有效的方法。

在尝试了每个方法后，你或许可以很直接地了解到自己想继续使用哪一种。不管选择哪一种，对于一次只读一词的做法都是个进步。

注意，注意!

使用这些技巧提高阅读速度时，有一些是需要了解的：

- **使用关键词法会减少默读**。阅读关键词会显著减少默读。因此，如果你习惯默读，关键词法或许对你更有帮助。

- **注意每行宽度**。如果阅读对象的每行宽度比报纸专栏宽些，你可以轻松使用关键词法或关键意群法。不过，如果每行宽度只是六个词左右，比如报纸专栏，要使用关键词或意群法，则会让你发疯，因为你需要不断移动视线到下一行找出意群。因此，阅读比较窄的材料时，阅读关键词法比意群阅读更有效。

- **试着踩油门**。熟练使用快速阅读技巧后，你可以多尝试一下自己究竟可以读多快。不断尝试，反复犯错，可以帮助你找出对自己最有效的方法。

阅读训练四：科技性材料阅读

赛车比赛真正开始前都要先进行计时赛，以一车一赛的方式来测试赛车本身和车手的能力，看其是否能自如改变速度或者适应不同跑道环境，比如弯道或直道，雨季或旱季等。

到目前为止，你所完成的计时赛都包含阅读理解题，但这次的计时赛中就没有。如我之前所说，本章的快速阅读技巧是独立于理解之外的，因此，本练习只会测验你的阅读速度，你会初步了解到，在你的引擎上加上这些新工具，你会变得多么有效率。

下面的阅读练习中，你可以选择使用本章中提到的关键词法、意群法，或者关键意群法等。记住，不要再用笔画下画线或者斜线了。如果你想的话，可以用手或卡片来辅助。阅读时，努力排除各种干扰因素的影响，比如，开小差，反复回读，或者默读等。

1. 使用本章中介绍的快速阅读法阅读下面文字，并用一分钟倒计时。如果提前读完，重新回到开头读，直到一分钟。

2. 一分钟结束时在自己读到的位置做标记，随后会有其他说明。

快速阅读简史

帕姆·穆兰

2100字

自1925年以来，人们就致力于系统性地提高阅读速度，当时首个快速阅读课程在美国锡拉丘兹大学开设。在写作历史上，受过教育的人们也多次思考如何提高阅读能力。例如，在17世纪中期，一个叫作安东尼奥·迪·马可·马格列伯敕的人据传可以快速阅读、理解和记住整卷的书籍。尽管快速阅读课程第一次开设是在1925年，但在那之前这个领域已经有人做了很多研究。

1878年，一位名叫艾米列·加瓦的法国眼科医生在无人知情的情况下将快速阅读与他的眼部运动试验结合起来。他发现眼睛以一系列的跳跃（眼睛扫视）和暂停（定位）的方式运动，在读文本的一行时，平均会停三到四次。只有当眼睛定位，也就是视线稳定时，大脑才会识别单词。在加瓦之前，人们以为在阅读时眼睛会停在每个字母，或者至少每个单词上。

他的试验结果表明我们的视线范围（每看一眼眼睛能够识别出的字词数）比之前想象的更宽广。这一发现是开创性的。如果眼睛一次可以"自然"定位在几个字词上，那我们可能比普遍认为的读得更快些。没过多久人们就开始挑战现有知识，想知道如何可以提高阅读速度。早在1894年，就有关于快速阅读优点和方法的文章发表在杂志上，如《教育杂志》。

19世纪晚期和20世纪早期，伴随着大规模的公众教育的普及，人们对快速阅读越来越感兴趣。美国的受教育人群比例迅速提高，促使更多的人为工作、学习或者消遣而阅读。这一趋势不但激发了对纸质材料的大规模需求，也促使人们对文本易读性领域进行研究。

25– 　　传统读物的易读性，即纸质文本的物理特性对读者产生的影响，比如视觉疲劳、阅读速度和理解力等。当出版商们注重纸质材料的质量和外观时，阅读研究者则关注文本的物理特性与其对结果、视觉疲劳、阅读速度和理解力的影响。快读阅读这一概念在那时很少关注视觉和感知因素，而是更多关注如何

30– 通过阅读者的努力来提高阅读速度。

　　快速阅读领域的又一进步是由一个看似不相关的团队完成的：美国空军。他们的发现源于其飞行员的生死体验，也代表快速阅读作为一种现象得到了广泛的应用和接受。军事家注意到有些飞行员不能从远处识别出飞机，这十分危险，所以美国

35– 空军和军事家决定必须改善飞行员的视觉灵敏度。

　　致力于研究视觉灵敏度问题的物理学家和教育专家们发明了一个设备，后来成为早期快速阅读课程的象征：速读训练器。这个设备可以在一个屏幕上以不同的速率闪现画面。实验开始显示飞机的大型画面，然后这一画面不断缩小，闪现的速度也

40– 有所提高。他们发现，经过训练，普通人可以仅用五百分之一秒的速度识别出闪现在屏幕上的不同飞机的微小画面。

　　速读训练器对阅读效率产生了明显的影响，也因此带动了改进阅读领域的研究。例如，美国空军在飞机上使用同样的方法后发现，在屏幕上以五百分之一秒的速度同时闪现四个单词，

45– 训练对象可以完全识别出来。

　　这一训练清楚表明，通过一定努力，阅读速度是可以得到提升的，而且这种提升是通过改善视觉处理能力来实现的。因

此，下一步就是通过各种不同的定速方法训练眼部运动来改善阅读。

50—　后来的阅读课程使用速读训练器来提升阅读速度，结果表明读者的每分钟阅读字数从200字提高到了400字。使用速读训练器的弊端是，课后不用训练器时，对象的阅读速度并未得到明显提高。速读训练器发明后，哈佛大学商学院推出了第一个电影辅助课程，目的在于拓宽读者的视线范围，从而提高阅读

55—　速度。再一次关注的焦点在于把改善视觉处理能力作为一种手段。在20世纪40年代，使用训练器来提高阅读速度是当时的趋势，实践表明阅读速度可以提高100%，不过后续的持久效果仍有待证明。

　　直到20世纪50年代晚期，才出现了一种手提的、耐用的、便捷的设备用来提高阅读速度，这次的研究人员是位温文尔雅

60—　的学校教师，名叫伊文·伍德，她致力于帮助后进生提高阅读速度。她不仅革命性引领了快速阅读领域的发展，同时也倾其一生推动阅读和学习能力的发展。

　　这一革命性的发现某种程度上源自一个偶然事件。伊

65—　文·伍德老师一直想弄明白为什么有的人天生就可以快速阅读，于是她强迫自己快速阅读。在快速扫视了几页后，她陷入了深深的绝望。不过，她偶然发现，自己的手扫过每一页的动作吸引了眼睛的注意力并帮助眼睛在每一页上更加流畅地浏览。就在这一天，她发现了手可以用来定速，她将这一

70—　方法命名为"伍德法"。

伍德老师不单单发现了双手定速法，还将其与自身进行的阅读和学习相关研究中发现的其他知识结合起来，并在1958年推出了一种新的革命性的学习方法，称之为"阅读动力"。

这一方法在犹他大学的"第二十一轮演讲"活动中首度亮相。它是如此卓有成效，以至于师生们焦急地站着排队等候数小时才能等到一个空位。

伍德老师于1959年将"阅读动力"推向大众，并在犹他大学开创和进行了为期一年的项目研究。她搬到了华盛顿并开设了第一家伊文·伍德阅读动力研究所，很快，研究所便开到了世界各地。伊文·伍迪这个名字成了快速阅读的代名词。1967年，她将自己的业务转手他人了，但自己仍坚持教学。她于1996年去世，享年86岁。

通过回顾快速阅读历史，了解各种趋势，可以很轻易地看出其中一种自始至终都在使用的方法是训练眼部如何有效运动。不论是阅读器，还是电影辅助法，还是双手定速法，这一因素一直到今天都在帮助读者提高阅读速度。

（文章使用获得奥内达加社区学院助理教授帕姆·穆兰的授权）

3. 现在时间到了，数下自己读到了多少行，可以用左边的数字做参考。如果你在一分钟内读完了文章，又回到了起点，就把第二次读的行数加到文章的总行数上。

4. 将你读的行数乘以26（这篇文章每行的平均字数）便是你一分

钟能读的字数。

你读的行数____×26（每行的单词数）＝____（一分钟阅读字数）

重要提示：你可能并不完全理解原文，这让你觉得不自在。过一会儿学习本章"什么？你不懂？"部分会给你些安慰。

5. 记录你的阅读训练分数：翻到207页的个人进度表，填上每分钟阅读字数以及做练习的时间，对比下你现在的速度与之前的阅读训练的速度。

当你认为自己已经了解了足够多的提高阅读速度的方法时，这里还有两种方法可以尝试。

字里行间阅读法

为了打破过度关注一行的每个词这个陋习，你会发现字里行间的阅读很有帮助。你的视线不应该停在每一行上，而是停在要阅读的那一行的上方空白处。只看到字词的上半部分依然可以阅读，不信的话，试着读下面两个句子。第一个句子的上半部分被覆盖了，第二个句子的下半部分被覆盖。哪个更容易看些？

只能看到字词的下半部分很影响阅读。

通过字词的上半部分可以轻松认出字词并据此做出猜测

你可以随时在阅读的时候练习这个方法。比如，你可以试着用字里行间法阅读下面这段。

当你阅读行间时，你会感到不再需要注视每个单词，从而更加自在从容地读书，这种感觉一开始可能让你不太舒服，但最终会带来阅读速度的极大提高。

这个阅读法尤其适合每日阅读，你当然可以把它和关键词，意群阅读和关键意群法一起用。

压痕法

你看到的这两条竖线是有原因的。这是能让很多学员阅读速度瞬间提升一种方法，就是缩短每行的左右两端。意思是，如果你读完每行时，视线终点落在最右端，那么你的周边视线的右半部分是空白，这一段周边视线就浪费了。同样的，你继续扫视下一行时，第一眼也会注意到每行最左端，左边的周边视线也浪费了。这使你在两端都无法充分利用眼睛余光。

压痕法是指读第一行时左右两边各缩进1.5厘米作为眼光停止处，后面各行也同样处理。这样，你的周边视线会得到充分利用。

刚开始尝试这个方法时，你可以在每一页画一条类似的线作为提醒，直到养成习惯为止。用这种方法可以使你每读一行，就减少一次眼动，从而使你的阅读速度提升至少10%。试试看！

什么，你不懂

快速阅读法学到这里，你可能不太确定自己的理解力能到什么程度。的确如此。还记得本章开头窗户的比喻吗？大脑对一下子塞进去的大量信息不知所措。

请在接下来的几天坚持采用前面教授的方法，你很快就会发现你的思维和意识开始跟上了。快速阅读就成了一个工具，帮助你更好理解原文。

如果第四次计时赛中设置了阅读理解题，你会发现你的理解力其实比你想象的更好些。这是因为在意识不察觉的情况下，潜意识已经知道了答案。好的理解力取决于很多因素，意识、潜意识、背景知识、经验，等等。如果十个人读同样材料，他们会得出不同意见，这是因为人们都是基于自己的背景知识和经验进行过滤式阅读。

因此，理解力源于文字本身的意思和读者自己的解读。读书俱乐部成员都了解，读完同一本书后，大家总会有不同的理解，继而引发热烈讨论。

一些有助于产生好的理解力的因素包括：

● 知道自己为什么而读，在读什么（第三章）

● 将新知识融入到现有知识中（第五章）

● 集中注意力阅读（第三章）

● 乐意接受更多知识——而非心有旁骛（第三章，第五章）

● 开始阅读前了解作者的写作动机（第五章）

● 根据阅读目的调整阅读速度（第八章）

● 词汇储备丰富（第九章）

● 理解文字本身的意义，再用自己的方式理解（第六章）

● 积极主动阅读（第一章到第十章）

逐步熟练的阅读技能

本章介绍的很多阅读方法，我称之为"工具"，而不是"技能"。技能是要不断反复使用才逐步培养出来的。

阅读可以被很贴切地比喻为打高尔夫或网球。假设你是个高尔夫或者网球爱好者，立志提高自己的球技，就必须学习击球的各种要领，并做相应练习来提升技能。同样地，在阅读时，你需要学习怎样更好更有效地阅读，并进行专项练习来掌握阅读技能。当你一开始尝试一个新动作的时候，你会感到忐忑不安，怀疑这些新方法是否奏效。不过只要坚持下去，这种不安和笨拙的感觉就会消退，你会越发有自信，阅读（打球）能力也会提高。

关于大脑的另一个重要提醒

你的大脑天生布满了学习语言的神经细胞。观察小孩子从婴儿期到童年期的成长，你会发现其语言发展之迅猛。大脑尽管天生可以学语言，却不能学阅读。阅读需要后天习得。你首先要学习怎样解码笔画，随后是单字，然后是词汇，直到阅读行为变得自发或程序化。学习快速阅读就是学习怎样更快速解码字词。

心智研究公司的教育顾问帕特·沃尔夫是大脑研究的专家。她表示程序化记忆有时又被称为"肌肉记忆"，如果你重复使用一个序列，它最终会成为自发行为，随着你越来越熟练，它会继而成为本能行为，大脑不需要意识的指挥就可以执行程序。也就是说，练习的次数足够多，大脑收到指令就开始运行，进而激发自身对程序的记忆，就如同系鞋带、开车、弹钢琴或者骑自行车一样。**快速阅读技能也能成为自发行为，但你的大脑仍需要保持活跃和清醒，有意识地激发潜能。**你每使用一次快速阅读技巧，你就越接近成为阅读高手的目标。

阅读加速器：双手并用

双手并用是使用双手食指作为加速器的方法，用来帮助你集中注意力于正在读的一行文字，同时又引导你继续向下读。本练习可以使用报纸、杂志，或者本书的某一页来做，将纸放平，而不是双手举着。左手食指对准一行文字的开头，右手食指对准同一行的末尾，这样双手间就是文本完整的一行。你的手里必须空无一物。阅读时，从左到右，再从右到左快速移动视线，慢慢地、不停地向下挪动手指到一行的左右两端。你可以使用关键词法，意群法或者关键意群法来辅助阅读。当你越来越熟练时，手指移动的速度可以加快。

检验你的态度

我们来做个态度检测，请填写下句空白处。

　　　　我是个＿＿＿＿＿＿＿＿＿＿＿的阅读者。

你的阅读态度改变了吗？

重要提示：合适的训练材料

当你开始使用本章的阅读技巧时，建议你选用熟悉的阅读材料来练习，开始只是追求速度，越简单的越好理解。就如同刚刚上路开车的新手，是愿意在旧金山或是波士顿这种大城市练车，还是更愿意在对驾驶技术要求不高又不会出现意外的平原地带来练习呢？尽管在短时间内，你就可以驾车穿过旧金山的陡坡或者波士顿著名的环形路，但目前还是先熟悉汽车本身的性能为好。

在第五章，你会学习如何在阅读非文学材料前先获取背景知识。这将是个帮助你清理待阅书报堆的利器。

5

"地图"阅读法：
快速处理晦涩难懂的内容

调动所知线索和信息，
就能更好地理解，更快地阅读。

你是否曾经毫无方向感地开车？设想下，你要出发去一个地方，一个你从来没去过的地方，而且压根儿不知道该怎么去。你的感觉如何？或许会有些沮丧，因为你不知道自己要去哪里，也不确信自己是否成功到达目的地，或者纠结于该走哪条路。这一点都不好玩！这些问题有没有让你回想起某些时候你开始阅读后的感受？

很不幸，以上感受跟不熟练的读者开始阅读时的感受类似。他们面对阅读材料就像面对一场没有导航的汽车旅行一样。对所读的材料一无所知，只是横冲直撞地开始读，直到结尾。他们越读越沮丧，但是坚持读完全篇，因为他们认为这是一种责任。从小学起，老师就告诉他们，任何阅读材料都要读完才行。他们不确定自己是否懂得所读的内容，也会感到困惑不解，因为这不是他们想要的阅读方式。难怪那么多的人不喜欢阅读。

为避免陷入完全盲目的阅读境地，一种方式是先了解些背景知识。记住，你的背景知识包含你个人学习和经历过的独有的一切。每份背景知识都可以成为帮助你理解原文的线索。

赛车手喜欢选择自己熟悉的赛道，而非新赛道。这与人类本性相符：我们喜欢熟悉的或者了解的事物，对不熟悉的毫无线索的事物感到局促不安。如果赛车手不熟悉赛道布局——比如，弯道的弯曲度或者维修站的位置，他们就无法提前为比赛做准备。

同样地，对阅读材料不熟悉使得理解和专注变得更加困难。你会感到自己如同置身在一片茂密的丛林中，找不到出口。想对陌生的事物熟悉起来就需要调动你所知道的所有线索或者信息，从而让你安心，知道自己在正确的位置。这些线索可以帮助你对所读的做出判断，给出解释。开始阅读前，你知道的线索越多，就越能更好地理解，且更快地阅读。

你或许想知道自己如何在从来没有接触过的领域获取背景知识？最好的方式是获得一份地图。

用"地图"引领阅读

精明的司机明白，地图可以帮你看到世界。它会告诉你自己的位置，去过的地方以及你的目的地，也会让你看到周边的环境，以及周边的设施，比如加油站和休息区，这点有时很重要。

任何一次汽车旅行之前，先看看地图能够确保一次愉快的旅途，这意味着对你所去的地方感到熟悉，相信能够及时到达，并且知道走的路是否正确。有人要用地图找到两点间的最短路线；有人使用地图寻找风景美丽的乡村小路。不管什么原因，出发前知道自己旅行的目的以及目的地是至关重要的。

阅读前使用"阅读地图"是指使用"预览"的方法。预览是有意识地、专门地在真正开始阅读前，通读整篇阅读材料的方法。这种精心的略读过程使你熟悉作者的写作框架，从而在开始前就掌握阅读的方向。因此你可以：

- 知道这篇材料是否值得阅读；

- 树立一个更加具体的阅读目的和任务感；

- 获取有价值的背景知识，帮助你更快速有效地阅读。

预览适用于任何非虚构类的阅读，包括（但不仅限于）报纸、杂志文章，说明书或课本章节、参考指南、通讯及电子杂志等。这种方法不适用于小说，会破坏这种文体的阅读体验。

预览的主要目的是提供你所不了解的阅读对象的背景知识，除此之外还可以作为：

- 不需要细节阅读时的替代方式；

- 任何阅读的引入；

- 减少重复阅读的检阅过程。

不论出于何种目的，预览都是一种极为有效的阅读工具。

预览推翻了阅读需要从头开始直到末尾这一普遍持有的观点。很多人以为既然这些信息被写下来并印刷出来就需要逐字阅读。

当你开始阅读本章时，是直接从开头逐字阅读，还是看看别的，比如略读小标题，再开始读？

直接从开始读到结尾并不是最有效的阅读方式。相反，开始读之前，应该先快速寻找重要线索，储备背景知识，描绘出自己的阅读地图。

你是否记得高中或大学时，老师让你在开始写文章或论文前，先写个大纲？毕业后继续从事非虚构类的写作或者编辑工作的人肯定依然记得这条明智的建议。因为，**所有非虚构类的阅读材料本身都是遵循着大纲来展开的**。大纲提供写作观点的组织结构，通常可以总结主要观点，并简单地分为标题和副标题。

看看下面这篇阅读地图的图例，以及其对应的意义。

> > > > § T _ T _ T _ T _ § T _ T _ T _ § T _ T _ T _ < < (???)

阅读路线图

图例	阅读线索分布
#	旅程名称——题目
>	旅程出发地点——引言段
§	沿途大城市——副标题
T	沿途小镇——每段首句
_	各条道路——每个段落
<	旅程目的地——概要或者结束段
(?)	旅程是否完成——结尾问题（只适用于课本）

记住一点，并不是所有的非虚构类的材料都有这些线索，但大多数都有。只使用和你阅读材料相应的线索即可。下面是第四章中的"快速阅读简史"一文的简写版本，加了小标题便于让你明白这些标记可以怎样应用到阅读中。你读完这篇之后，可以回顾下每个标记代表了什么。

快速阅读简史

> 1. 自1925年以来，人们就致力于系统性地提高阅读速度，当时首个快速阅读课程在美国锡拉丘兹大学开设。在写作历史上，受过教育的人们也多次思考如何提高阅读能力。例如，在17世纪中期，一个叫作安东尼奥·迪·马可·马格列伯敕的人据传可以快速阅读、理解和记住整卷的书籍。尽管快速阅读课

程第一次开设是在1925年，但在那之前这个领域已经有人做了很多研究。

§ A. **快速阅读基础**

T 1. 1878年，一位名叫艾米列·加瓦的法国眼科医生在无人知情的情况下将快速阅读与他的眼部运动试验结合起来。＿＿＿

T 2. 他的试验结果表明我们的视线范围（每看一眼眼睛能够识别出的字词数）比之前想象的更宽广。这一发现是开创性的。＿＿＿

T 3. 19世纪晚期到20世纪早期，伴随着大规模的公众教育的普及，人们对快速阅读越来越感兴趣。＿＿＿

T 4. 传统读物的易读性，即纸质文本的自身特点会对读者产生的影响，比如视觉疲劳、阅读速度和理解力等。＿＿＿

T 5. 快速阅读领域的进一步进展则是由一个看似不相关的团队完成的：美国空军。＿＿＿

§ B. **速读训练器的出现**

T 1. 致力于研究视觉灵敏度问题的物理学家和教育专家们发明了一个设备，后来成为早期快速阅读课程的象征：速读训练器。＿＿＿

T 2. 速读训练器对阅读效率产生了明显的影响，也因此带动了改进阅读领域的研究。＿＿＿

T 3. 这一训练清楚表明，通过一定努力，阅读速度是可以得到提升的。＿＿＿

T 4. 后来的阅读课程使用速读训练器来提升阅读速度，结

果表明读者的每分钟阅读字数从200字提高到了400字。＿＿＿

　　T 5. 速读训练器发明后，哈佛大学商学院推出了第一个电影辅助课程，目的在于拓宽读者的视线范围，从而提高阅读速度。＿＿＿

§ C. 阅读研究者伊文·伍德

　　T 1. 直到20世纪50年代晚期，才出现了一种手提的、耐用的、便捷的设备用来提高阅读速度。＿＿＿

　　T 2. 这一革命性的发现某种程度上源自一个偶然。＿＿＿

　　T 3. 伍德老师不单单发现了双手定速法，还将其与自身进行的阅读和学习相关研究中发现的其他知识结合起来，并在1958年推出了一种新的革命性的学习方法，称之为"阅读动力"。＿＿＿

　　T 4. 这一方法在犹他州大学的"第二十一轮演讲"活动中首度亮相。＿＿＿

　　T 5. 伍德老师于1959年将阅读动力推向大众，并在犹他大学开创和进行了为期一年的项目研究。＿＿＿

　　< II. 通过回顾快速阅读历史，了解各种趋势，可以很轻易地看出其中一种自始至终都在使用的方法是训练眼部如何有效运动。不论是阅读器，还是电影辅助法，还是双手定速法，这一因素一直到今天都在帮助读者提高阅读速度。

路标和方向

下面，我们详细分析一下每个元素的作用。

 # 标题：事实性标题很好地表达了文章的内容。例如：

- 知识时代的领导力

- 外出就餐，吃出风格

- 佳节如何应景装饰

- 手足之争，谜团未解

> 引言段：你是否记得学生时代，每篇文章都必须有开头，中间和结尾？这些部分又被称为引言、主体和结论。任何文章或章节的第一段或前几段几乎都是引言段，作用是确立文章的方向。引言可以是一段或几段。经验之谈：开始读副标题之前，先读引言（如果有的话）。

如果你不确定引言要读多少，可以先读前几段，很有可能读完第二段后你已经了解了文章的方向，那就不用再读下去，转而读第一个副标题或者每段的第一个句子。

§ 小标题：小标题是地图上的大城市，是阅读大纲的基石，并提供明显线索，提示文章的内容。小标题经常用粗体表示且自成一行，字体比文本内容大一些。

T 段落首句：段落首句包含文章的主题思想，课本上称之为主题句。这应该是最重要的线索，会告知每个副标题下包含的细节内容。这就如同地图上每个城市穿梭而过的主要街道。如果你训练自己只读每个段落的第一个句子，你会发现作者写作大纲的重要结构组成。

有时你会发现首句很模糊或者观点不完全，这样的话，就继续读第二个句子找出完整观点。

＿ **各条道路**：这是每段剩余未读的部分。开始使用预览方法时，不要读整段。不熟悉这个方法时，你可能担心漏掉什么信息，又退回到劳心费力地逐字阅读阶段了。**正确做法是只读那些言简意赅的词汇**。当你适应了预览时不再逐字阅读时，就可以继续读选定的段落了，这些段落需要既能吸引你又能符合你的阅读目的和任务。这样你就是在有效略读而不只是预览了（见第八章）。

< **结论或概括段（又称为摘要）**：每篇文章的结尾处都会有概括或结论，告诉你文章的主要内容。这可以是文章的最后一行，也可以是最后几段。很多研究型文本以摘要开始——通常是文章的总体概括，有时是一或两段——提供给读者了解文中复杂概念必需的背景知识。

(?) **结尾问题**：这只适用于每章最后带有问题的课本。在读正文之前，先读问题比较有效，因为这样你会带着任务去读，或者你会明白作者的意图。有人认为这是作弊行为，我更愿意称之为正大光明的主动阅读。

当你预览章节时，可以将阅读路线图中的符号单独写在一张纸上或者文本的空白处。这样你就会认识这个标记"#"代表标题，这个标记">"代表引言，这个标记"T"则代表段落首句等。

在开始真正阅读之前，你的路线图上还有其他有趣地方值得一看，比如：

- 图片
- 表格
- 图表
- 题注
- 黑体字

- 斜体字

- 项目符号及编号

- 文章长度

- 旁注（引文）

- 文中文，有时称为工具条或文本框

- 生词

- 作者信息

- 版权登记日

- 脚注

下面我将详细描述这些元素的价值。

- **图片，表格，曲线图，图表**。通过阅读这些，你可以：

1. 快速直观地了解文本内容

2. 提高阅读速度，没有哪张图片会配注一堆文字的。

- **题注**。通常是图片的解释或说明，位于图片下面或其中，明确图片含义和文本内容。

- **黑体字和斜体字**。让你的大脑和眼睛试着习惯不同字体。黑体和斜体让你知道：

1. 这个或这些单词对于文章内容很重要。

2. 引入的是新概念，新字词。

- **项目符号及编号**。如果你预览本章时，快速浏览了本部分的项目符号（即本段前的那种圆点），你会想："好吧，我知道了，我不需要读下面的细节了。"或者，你会想："好吧，我想知道为什么这些内容很重要。我会继续读下面的内容描述，或者有选择地了解细节。"项目符号及编号的作用如下：

1. 言简意赅。以较少的内容传递较大的信息量。

2. 帮你选择接下来需要仔细阅读的内容。

● **文章长度**。开始阅读前，了解文章长度可以：

1. 通过预估阅读时间来做合适的时间管理；

2. 考虑这个阅读主题是否值得花费这么多时间；

3. 考虑留到以后有时间时再读；

4. 考虑将大段文本拆分成更可控的小段来阅读。

● **旁注（引文）**。这个术语用来描述文本外侧的空白处的任何信息。比如，旁注可以帮助你找到：

1. 文中引用到的引言

2. 某个词汇术语的解释

● **文中文**。有时又被称为工具栏或文本框，通过浏览副标题和段落首句可以对其进行预览。

● **生词**。找出生词可以：

1. 帮助你在仔细阅读之前更好地理解内容。

2. 以目的为导向阅读，帮助你决定在从文中找出生词前是否先要了解其定义。

3. 开始阅读前创立自己的带有解释的词汇表。

● **作者信息**。开始阅读前了解作者信息可以：

1. 发现作者所持有的观点的线索。

2. 了解是何种经历使得作者写这个特定主题。

● **版权登记日**。通过查看版权页可以发现如下信息：

1. 作品何时写成的。一本1993年的计算机手册可能已经过时了。

2. 内容写作的时代背景，暗示作者可能持有的观点。版权信息可以在书中版权页处找到。

● **脚注**。脚注和参考文献通常出现在学术性或科研性文本中。脚注作用如下：

1. 告知信息来源。

2. 对文中提及的特定主题给出更多解释。

通过查找这些线索，你可以在短期内找到大多数非虚构类的文本的主旨。预览时再辅以快速阅读法，如关键词、意群法、关键意群法，或者加个加速器，你就能超速前进，在最短的时间内获取到大部分的背景资料。

阅读训练五：练习"地图"阅读

这个练习需要不到八分钟的时间。你将预览下一章"批判式阅读：如何读透一本书"，练习如何在不细读的前提下找出文章主旨。在做练习之前，请先读下面的介绍。

1. 旁边备一个秒表或跑表，准备倒计时5分钟。

2. 开始预览。快速阅读章节标题，然后是引言（第一段或前几段）。记得使用快速阅读技巧来辅助。如果你认为读了引言已经足够，可不再读细节。

3. 继续读下面段落的首句。

4. 当你沿着作者的思路快速前进时，注意其他线索，如解释、项目编号，或者黑体斜体字等。

5. 阅读时，注意你的阅读目的是在五分钟内拼凑出大纲来。如果提前完成，就把计时中的个位秒数四舍五入，如3分17秒可以记为3分20秒。

6. 五分钟结束后，停止预览。如果没读完，也没关系。

阅读理解

不要翻看，回答以下问题是正确（T），错误（F），还是未提及（N）。

_____ 1. 细心的读者常带有怀疑眼光。

_____ 2. 真正的批判性读者阅读时只挑出负面信息或者他们不喜欢的信息。

_____ 3. 阅读时你可以自问的问题有五大类。

_____ 4. 作者在本章中使用了批判性对话。

_____ 5. 批判性的人更容易成为批判性读者。

_____ 6. 世界上的事实比观点多。

_____ 7. 当作者进行写作创作时，会使用其他词汇来支撑自己观点。

_____ 8. 一个单词可以有不同的意思，这取决于怎样使用它。

_____ 9. 逐字阅读能确保你不错过任何重要词汇。

_____ 10. 批判性读者读得很快。

现在，预估下自己这是个题目中做对的个数，并写下来____。

现在你意识到不需要每个词都读，阅读速度得到极大提升。如果将你的分数与之前阅读练习的比较，你会意外发现自己阅读速度提高了很多，而且理解力丝毫没有减弱。当试着预览时，时间被用来搜索阅读中更有价值的信息。

翻到205页检查答案。将理解力百分比写入207页的个人进度表中。

现在，思考下列问题的答案：

- 你的阅读理解比你想象中要好吗？

- 你完成了多少页？

- 你能按照作者的大纲去阅读吗？

- 你会忍不住逐字阅读吗？如果是，你怎么办？

- 你感到自己更加主动地阅读了吗？

- 你会想回去再仔细读一遍还是觉得目前已经掌握了足够的信息？

- 如果再仔细读一遍，你会改变你的阅读方法吗？会更快些吗？会理解得更好吗？

这场预览之旅可能让你觉得不太适应，就像是在打高尔夫球或网球时，教练给你加了一整套新动作，一开始你会有点呆板和摇晃，还会担心自己的理解是否跟得上。最开始，这个练习更像是眼部运动而非理解力练习。如果你的眼睛能够定位并阅读关键信息，理解力就会跟上了。

在你的待阅书籍中找一本非虚构类的作品，尝试预览。记住，预览不仅可以代替细节阅读，同时也是一种导入或回顾。通过这样的预览练习，短期内，你就会发现阅读变得更容易，更有效率。你甚至不敢想不预览会怎样。

尝试"5W加H"法

通过前面的预览练习，你可能觉得自己仅仅掌握了下一章的基本内容。这就对了。这个练习的目的就是寻找预览线索，你的任务就是三分钟内读完，然后尽力回答那十个问题。你不需要背诵全篇，一周后再做测验。不过，你必须能说出那一章的主要内容。

你积攒的一堆阅读材料中，有很多也是只掌握主要内容就够了，如果阅读目的和任务不要求进一步细致阅读的话，那就不需要再了解更多了。

你可能感觉提纲法有点难以掌握，但你还是需要努力适应并让它为你所用，因为获取背景知识对于阅读真的很有价值。

帮助加强理解的另一个方式是预览并寻找"5W加H"，分别是：何人（who），什么事（what），何时（when），何地（where），为什么（why）以及如何（how）。你可以通过寻找这些问题的答案抓住关键信息。

花时间来省时间

很多人认为预览会浪费很多时间。其实不必担心，当你越来越熟练时，可以在一分钟以内预览完一篇两页的文章，或者五分钟内读完十页的章节。当然，这取决于你的背景知识和阅读目的。

为什么要花时间预览呢？以三十分钟的时间框架为例。假设你有一份十页的章节要完成，通常需要花三十分钟从头读到尾。现在，假设你先预览该章节，大约花费八分钟，还剩二十二分钟来读细节。利用前八分钟找到的背景知识，你可以轻松地在二十二分钟内快速读完本章。因为在预览环节你会发现有些地方根本不需要细读，这样实际上你用不到三十分钟的时间就能读完一章。

场景一	场景二
三十分钟从头	八分钟预览
到尾阅读	+二十二分钟详细阅读
	=三十分钟

哪种方式更好地利用了时间？哪种方式更促进主动阅读，加强理

解，记忆新知识？哪种更节约时间？答案都是第二种。记住背景知识的价值，它既能促进理解又能加快速度。这里应用的一个颠扑不破的时间管理原则是：花时间来省时间（磨刀不误砍柴工）。

学生们考试前可以使用预览法进行复习，这样可以避免盲目重读和在不熟悉的地方浪费时间。

报纸阅读大不同

一般来说，也可以通过预览大纲的方式阅读报纸上的文章。不过，报纸上的文章通常以A型或倒金字塔式写作，重要信息放在开头，慢慢过渡到事件或报道事项的细节。这样一旦有突发重大新闻或者广告投放，编辑就可以从结尾压缩报道，依然保留最开头的重要信息。通过阅读开头，你就可以了解报道的主要内容。

报纸上的很多文章一个段落只有一句，这样只读段落首句就不太可行。你可以只读段落的第一行（而不是整个句子），来决定是否需要继续读下去。

是否总有方法可遵循

笔者在过去的时间里已经非常熟悉预览法，通过阅读学员带到工作室的阅读材料，我敢说98%的材料可以使用预览法来读。

如果你读的是未经编辑的材料，你可能很难找到大纲。不过，任何已发表在杂志、电子杂志、报纸、规范手册、电脑手册以及课本上的内容都有大纲。

如果你需要为学习或工作写些材料，你可以通过预读自己的作品来提高可读性。检查下你的主要观点是否在段落的首句。预览完之后，可以继续编辑你的作品。

阅读加速器：40/60阅读法

通常情况下，非虚构类的作品中的核心信息大约占40%，另外60% 是填充字数，细枝末节或者解释说明。这意味着你必须思考应该怎么分配时间阅读这剩下的60%，其实你只需要用20%的时间阅读这些细枝末节，这样，你就节约了40%的阅读时间（40%的预览+20%阅读细节=60%）。通过这样有选择地主动阅读，你可以在更短时间内获取更多信息。

关于怎样预览并没有一定的顺序可循。不过，可以按照先后顺序读副标题和段落首句来更好地理解作者思路。这些线索提醒大脑发现阅读中的重要信息，甚至可以帮助你学习最有价值的内容。记住，阅读中要保持警觉，寻找最有意义的信息。预览过程需要这样的警觉，会使你更期待后面的内容，这就是一个主动细致的读者应具备的素质。

检验你的态度

我们来做个态度检测。填写下句空白处。

我是个＿＿＿＿＿＿＿＿＿＿的阅读者。

你的阅读态度改变了吗？

重要提示：关注基本需求

毋庸置疑，当你充分休息，心情放松或者感觉很好时，你往往能够更轻松地做到高效阅读和学习。通过更好地关注自己的基本需要，你会发现使用这本书更加有成效。下面是几条健康小贴士：

尽量保持充足的睡眠。研究表明成年人每晚平均需要七到八个小时的睡眠。如果你的睡眠一直都少于七个小时，你的阅读和学习能力可能下降。

白天增加运动量。运动可以促进血液循环，氧化血液，使大脑更加警醒，为接受新知识做好准备。每天使用楼梯，而不是电梯或扶梯；将车停到商店入口的最远处；或者，如果你养狗，每天至少带它散步两次，对于一直想养成锻炼习惯的你来说，这是一个绝佳的理由。如果你使用室内脚踏车健身，可以把阅读材料固定在支架上，边运动边读。

摄入健脑食物。食用富含蛋白质的食物，如奶酪和肌肉等，也可加些蔬菜和沙拉，不要食用使人犯困的食物，如面包、椒盐饼干、意大利面等。

适当减压。适当的压力是有益的，但是太多人承受着过大压力。当你身心俱疲时，很难很好地理解所读的内容。你可以把重要的事情进行排序来缓解压力。还可以通过充分的睡眠、深呼吸来与压力作战；花时间来感恩你所拥有的，而不是想象你所没有的。

本次提升阅读速度的旅程，你已经走完一半了。第六章会关注一个很重要的信息——警告标志。要理解所读内容的方式有很多，第六章你会明白如何谨慎阅读。

6

批判式阅读：
如何读透一本书

摆脱被动接受作者观点的状态，
主动提问并寻找答案。

赛车手在驾驶时，会关注行驶的方向以及如何更快更安全地到达目的地。这意味着他们要关注周边环境，而不是赛道另一边的事。旗手在赛道另一边，如同车手的眼睛，举着黄色警示旗提示前面有事故、漏油或者碎片，提醒车手减速。于是车手减速围绕赛道行驶等候另一面旗帜告知可以继续行驶。这段时间对车手很宝贵，他可以评估当下比赛进展，重新考虑驾驶方法，当比赛重新开始时做出调整。

阅读时也一样，你需要的不仅是关注前进的方向，还要留意作者那边的进展。有效阅读是思想的交流，而非单向交谈。你需要摆脱自言自语、被动接受作者观点的状态，转为双向交流，主动提问并寻找答案。这种阅读方式被称为**批判式阅读**。

一个有心的、主动的读者，即进行上述对话的人，是警觉、适度猜疑，以及抱有怀疑论的读者。尽管阅读小说时也可这样思考，但批判式阅读主要是针对非虚构类或者信息类阅读。

卓越读者与普通读者最大的差别

如果你老板想要找你谈谈并对你的工作表现作出批评，你可能想自己哪里做错了。然而，"批判"这个词的意思是"考究某人的**功过**并做出相应评价"。理论上来说，你老板不只是想找你谈谈你的缺点，还要评说一番你的优点。

保持批判性是对自己所看所听所读的东西有意识地做出正面或者负面的评价，有时也可能是无意识的评价，比如，你去新朋友家做客吃晚饭，从踏上门前台阶的那一刻起，你的批判性思维就开始运转了。你会无意识地评价你所感受到的一切，从门铃的响声到肉的味道再到卫生间的整洁。所有这些无意识的感受在见面结束后会形成有意识的意见。

阅读时，你的大脑也在这样无意识地运转着。不过，如果你学会有意识地做出评价，你获取背景知识的能力和理解力会有很大提升。这是怎么做到的呢？按照自己的理解，寻找阅读内容的利弊，仔细检查自问，并对内容形成自己的判断。是否具备这种能力是区分卓越读者和普通读者的分水岭。

美食评论家品尝食物并写下他们喜欢或不喜欢的理由。电影评论家也带着一定的标准观看电影。他们基于自身的背景知识进行评价，并与读者分享。这是否意味着批评就一定是正确的呢？不然。没有正确的批评，正如同评价作者观点时，你的观点不能保证全对。你可以决定自己的评价是否正确，与美食评论家和电影评论家一样，这是基于自身的背景知识做出的判断。

当阅读非虚构类的材料时，你的最终目的是：

- 证明自己已知的是正确的；
- 学习新事物；
- 区分现实与虚幻；

- 改变错误思想；

- 认同作者的结论。

批判性阅读基于你对该主题的已有认知以及对正在阅读的材料的现有认知。

阅读时，有几种方法可以与作者进行有意识的、细致的交流，包括挑战作者、区分事实以及做出推论。

挑战作者：区分事实与观点

当你阅读时，有时会对作者的表达感到惊讶或困惑。有可能作者本身观点不明确，也有可能其推理有漏洞。这时你就需要运用批判式思维有意识地提问了。你可能已经这么做了，但是有意识地这么做可以让你的阅读更加主动和专注。

批判性提问表明你对作者写作动机和文章内容持有正面的怀疑，这有助于你决定是否同意作者观点。如果不同意，你的批评是基于什么做出的。批判性提问可分为三大类别，在你与作者进行假想中的交流时，很有价值。

有关作者的问题

我们看一下这些指向作者的问题：

- 作者对这个主题是否有足够的经验？

- 作者是男性还是女性？性别对观点有影响吗？

- 作者的背景和经历会怎样影响到他/她对主题的阐述？

- 作者的动机是什么？

- 作者立场是客观的（不受情绪和个人偏见的影响），还是主观的（个人化）?

有关内容的问题

- 这篇文章的读者是什么人？

- 作者在文中所表达的字面意思是什么？

- 作者真正意图是什么？或者作者在暗示什么？

- 这篇内容够清晰吗？

- 文中的细节是事实性的还是编造的？

- 文中观点和末尾结论一致吗？

有关读者自身情况的问题

现在，考虑下你自己及自身的背景知识：

- 我对作者的作品熟悉吗？如果是，这种已有经历如何影响我？

- 我对这篇文章的本质是如何理解的？

- 文中信息与我对题目的已知信息相符吗？有何不同？

- 这会如何影响我将要理解的内容及我会如何使用它？

大多数作者都希望一定程度上能影响到读者的思考。他们希望你会相信他们所相信的。最客观的科学报告，会尽量提供所有有用的数据，由你来判断报告的假定是否正确，然后基于报告中的数据，作者希望你能接受他所作出的结论。

以本书为例

你可以使用本书与我进行一次思想对话。我将回答前面提出的批判性提问的问题，目的是希望你了解如下信息，以及这些结论是如何做出的。下面是我对这三类问题的回复。

有关作者的问题的回答

请注意，下列回答只代表个人观点和意见。

- 我的经历有些列举在"关于作者"页，也有的与书中个人经历有关。

- 我是女性，不过我不认为我的性别会很大程度上影响我对本主题的观点。

- 我研究和教授快速阅读的背景和经历使得我对本书中信息的真实性和实用性信心十足。

- 我写作本书的动机是分享秘诀，使得大众阅读时更轻松、更自信、更有能力。

- 我很肯定会受到作为读者和教师的个人经历影响，也想让更多不会阅读的人渴望阅读。

有关内容的问题的回答

请问你是否认同我对本书内容的回答?

- 本书的目标读者是想学习如何有效阅读，成为更好的读者的人。

- 理论上，我认为一开始你意识到自己是个读者，然后学习提高阅读技能的很多方法，进而你可以更快速地阅读并提升理解力。

- 我想尽力澄清，没有哪个方法更有用，只是有很多可行的方法可以助你快速阅读。

- 了解哪种方法更奏效的唯一途径是一次只尝试一种，多方比较再做决定。

- 本书中的细节都是基于相关事实的，可能略有修改。

- 我想尽量中肯、清晰和连贯地表达我的观点。

你的回复

- 你的个人信息和背景知识。

- 你想相信什么？

- 本书内容与你个人认知（基于背景和经历的）是否相符？有何不同？

- 你得到自己想要了解的内容了吗？

- 你该怎么运用这些知识呢？

如何快速准备商务会议

设想一下：你老板告诉你两周前给你的45页的报告会成为20分钟后的会议上要讨论的核心内容。你根本就没看这份报告。该怎么办呢？下面是几条帮助你在极短时间内使用快速阅读技巧的建议。

- **预览。**有时你的时间只够预读的，但是这样至少你可以获取40%～50%的要点，其余50%-60%的内容多为解释和阐述。浏览作者的大纲（如果有的话），阅读引言、段落首句和结论，还有图表，来抓住要点。

- **寻找关键词和关键短语。**如果时间允许，可在预览后继续读更多细节，这时就可以使用关键词、意群及关键意群法了。用手指和空白卡片定位（记住：自上而下）可以强迫你摆脱逐字阅读，提高速度。

- **批判式思考。**首先，了解作者的真正意图及得出的结论。可以通过寻找"5W+H"（何人、何事、何时、为什么及怎么样）的答案来找出相应要点。其次，基于你对主题的了解，快速得出自己的结论并与会议目的联系起来。

很多工作室学员告诉我他们使用了这些方法并给老板留下了很好的印象。

辩证看待自己的观点

真正的对话不是单边的：你有权利质疑作者的写作动机，作者也有权利质问你的动机，检验你隐藏的偏见。

很多人很难辨认出真正的事实。我经常在课堂上做一个练习，帮助学员认清事实。我要求他们讲出关于"玩具"这一物品尽可能多的事实，在学员给出的大约25个回答中，只有2到3个是真正的事实描述，其他的都是意见、推论或者偏见。

实际上，世界上观点永远比事实多。当你在怀疑时，这可能就是个观点。自己的观点辅以情感是人类的自然倾向，因为这是你自己的观点。对作者观点的强烈反响（无论正面还是负面）都可能来源于偏见或主观感受。每次阅读时都要留意自己的观点、推论或者偏见，这是阻碍你深度理解的绊脚石。

不要盲目轻信

尽管你可能已经听说过，但是还是值得再重复一次：不要相信你所看见的！

信息被印刷出来不代表就是真实的信息。每次媒体刊登关于我本人或者我的工作的文章，我都很乐意，但同时又对必定出现的错误引用和前后矛盾感到很无奈。记者在访谈后写的文章时常出现这样的问题。

阅读同一篇材料，不同的人会给出不同的意思理解，这点阻碍了正确理解原文。人们会基于自己的背景和经验，做出推论，并得出他们认为是正确的合乎逻辑的结论。

作为读者最明智的做法是先读材料，自问："作者在这里真正想说什么？"然后再推论。不要直接给出结论。心理上退后一步，看下已知事实，再基于给出的证据做出自己的推论。

回顾笔记

学生、商务人士和教师通常需要在开会之前、上课之前或者演讲之前快速浏览自己做的一系列笔记。如果你事先知道你的笔记将在演讲或测验之前派上大用场，你就能更好更高效地记笔记。下面是记笔记的两大步骤。

第一步，回到"让阅读更专注的笔记法"（第三章）环节，回顾三个有效的记笔记方法：有效使用荧光笔、边注和细致笔记。任何一种方法都会让你的笔记更易读。

第二步，使用不同颜色的笔做笔记。不同颜色可以用来重述观点或高亮关键词，再使用不同颜色画草图或图表，来表示你需要记忆的内容。回顾笔记时，你的眼睛会被不同颜色吸引，大脑就会更好地记忆信息。

阅读训练六：提高阅读难度

是时候来检测一下你的功底了，只需要不超过五分钟的时间。阅读下面的文章，尝试使用你所学过的方法，比如关键词法、意群法和关键意群法或者加速器。找个合适的、不受打扰的环境阅读。

1. 预览文章。给自己定时（最多30秒）来预览引言、段落首句和末尾待回答的问题。

2. 计时阅读。看一看读完下面这篇文章《一切都是相对的》需要多久。将你的总时间写入文章后面的空格处。

一切都是相对的

约翰·D.惠特曼

某种意义上来说，20世纪应该真正起始于1879年的德国乌尔姆市。那一年见证了阿尔伯特·爱因斯坦的诞生，这个人后来翻转了整个物理世界。

1886年，爱因斯坦全家都搬到了德国的慕尼黑，他继续在那里上学。1894年，全家又搬到了意大利的米兰，当时爱因斯坦决定留下来。他报考了瑞士苏黎世的一所学校攻读电气工程专业，但是没有通过入学考试。他并没有气馁，去了一所二流学校读书，于1900年拿到了数学和物理学教学学位。

他再一次申请大学，又被拒绝了。朋友帮助他在瑞士伯尔尼找到了一份专利文员的工作。就在那间专利工作室，没有任何物理大师的指点，他业余时间的工作改变了世界。

1905年，爱因斯坦已经写了三篇论文，其中第二篇最有名，被称为"相对论"。

这篇论文解决了困扰爱因斯坦多年的一个难题。当时已经证明光总是匀速运动，爱因斯坦接着问：如果我们以光速运动并追逐一束光，会怎么样？我们会想这束光应该是静止不动的，或者动得要慢很多，因为我们在以同样速度运动。但是爱因斯坦证明这是错误的。即使你以光速运动，你所追逐的那束光依然以光速离你越来越远。这一结论打破了当时物理研究领域已知的所有定理。

这一发现证明了很多物理定律并不是一成不变的。爱因斯坦的发现似乎说明一个事实，就是观察者所在的地方和运动的速率会导致定律出现不一样的结果。换句话说，研究结论只有在给出研究者的位置和时间时，才会有相关性。没有什么是不变的，一切都是相对的。爱因斯坦将论文提交给《物理年鉴》期刊，主编是马克斯·普朗克，爱因斯坦也引用了他的理论来得出自己的结论。读完全文，普朗克很平静地意识到，爱因斯塔这个人将科学世界翻了个底儿朝天。

（约690字）

✎ 此处写下你的阅读时间：_____ 分 _____ 秒

3. 阅读理解。不回看原文，立刻回答下述问题。估计自己做对的个数并将其填入下面空白处。

不看原文，回答下面问题，指出这些表达是正确（T）、错误（F）还是没有提及（N）。

_____ 1.阿尔伯特·爱因斯坦因其物理方面的成就而闻名。

_____ 2.爱因斯坦出生于德国。

_____ 3.爱因斯坦可以去任何他想去的学校读书。

_____ 4.爱因斯坦拿到了教学学位。

_____ 5. 爱因斯坦在专利工作室上班时，从其他科学家那里学到了很多。

_____ 6. 爱因斯坦结过三次婚。

_____ 7. 爱因斯坦最有名的成就是他的论文"相对论"。

_____ 8. 爱因斯坦创立了很多一成不变的物理学说。

_____ 9. 爱因斯坦的相对论认为运动中的人和静止中的人感受到的光不同。

_____ 10. 马克斯·普朗克是阿尔伯特·爱因斯坦的亲戚。

现在，预计下这十个问题中你做对的个数：_____

4. 检查答案。翻到205页查看答案。如果有做错的，写上正确答案，再回到原文中，弄明白自己为什么会做错。

5. 计算理解力百分比。将自己做对的题目总数乘以10，得出的数字写到207页的个人进度表中。

6. 计算每分钟阅读字数。看下你的阅读时间，并将秒数四舍五入。然后借助208页的阅读分钟数查看表和本文字数（690字），算出每分钟阅读的字数，将其写入个人进度表中。

7. 记录阅读训练分数。回到207页的个人进度表，确定已经记录下每分钟阅读字数、理解力百分比以及做练习的日期。如果想记录其他细节，比如，阅读时间、其他事务以及采用的阅读策略等，也会很有用。

如何阅读有难度的内容

很多读者阅读速度慢或者觉得内容无聊就会跳过难度较大的文章，如评论、读者来信或者长篇文章等。这些文章也具有新闻价值和趣味性，只是不如头版新闻有时效性。阅读这些文章需要花费更多时间，因为这些文章都比较长，或者因为读者缺乏相关的背景知识。

社论和读者来信

社论通常由报纸专栏作家或者某个领域的专家写就。他们会表达对某个主题的看法，通常也会引发读者对某个问题的思考。读者来信是普通大众写的。你可以试着预览一下这两种文体，可能觉得很难。这两种文本通常会用第一人称（使用"我"）写作，使之看上去不那么像报道，而更像个人意见的表达。它们的写作风格迥异，与专题报道或重大新闻并不相同。

先读前几行看一看作者立场，然后沿着文章向下略读找出与内容相关的词。可以使用加速器，如关键词、意群及关键意群法或者定速法来提高阅读速度。试着抓住作者的情感和观点。例如，一封读者来信，可能来自校长，也可能来自学生家长，立场不同，展现的视角也会不同。

长篇文章

如果你只是想了解事件梗概，那么，报纸的长篇文章读起来会觉得有些拖沓。如果不需要对所读内容做演讲或写报告，就不需要逐字阅读整篇文章。读下引言、段落首句和结论找出主要内容即可，描述类文字和细节信息可以先不读。然后，找出哪些段落需要整段阅读，哪些可以完全跳过。记得使用关键词、短语法、关键短语和定速法来移动视线。

阅读充满专业术语的文章

假设你突然脑子一热，想读一本计算机杂志，你想搞明白计算机的工作原理以及如何使它发挥最大作用，而你又完全不是这个专业领域的人。很快你就会发现计算机杂志的对象不是普通使用者，而是信息技术或者计算机领域的专家。你尽力去读了，但是对文章的理解还是有限的，因为里面充满了行话，尤其是各种各样的缩写。

相同的状况也出现在健康领域。尽管杂志、期刊和网络上有很多健康类的资讯，但非医学专业人士很难读懂。那么，该怎么办呢？先去读医科？

首先，要理解你读不懂并不是因为理解力差，而仅仅是缺乏必要的背景知识。你不能事事都懂。好在有个很好的办法可以不必去专门学习就可以获取背景知识，那就是——坚持读下去不放弃，尽管你只能理解10%～20%。阅读过程中你会发现某些概念重复出现，这有助于理解。如果你发现某个理论在上下文中反复出现，就值得点击搜索一下了。如果只能理解10%～20%让你感到不自在，可以试试以下方法：

1. 预览。我再说一遍：预览！这个方法可以帮助你获取主要的背景知识。一旦你掌握了背景知识，就可以阅读更多细节，也有更好的理解。

2. 查阅不同资料。如果你本身没有太多医学知识，又想读《新英格兰医学期刊》上的关于糖尿病的研究文章，你不会有收获，也不会享受阅读的过程。相反，你可以先尝试阅读由美国糖尿病协会所写的面向大众的糖尿病类文章，过段时间后，再过渡到更具难度的行业期刊，寻找感兴趣的主题阅读。

3. 准备一本专业术语笔记本。如果你真想对某个领域精通，那么记录下这些专业术语是个好主意，这可以帮助你创立个人字典，便于学习、复习和查阅。摘抄某个术语，再找出它们的意思写到旁边。

4. 使用加速器。使用我们前面讲到过的加速器，以帮助阅读。

批判性阅读的九个原则

从下面的九个原则中，选择你想要记住的几个或者全部，并写下来，将其贴在书桌上或者就近的墙上。时常提醒自己记住这些原则。这些原则可以提高你的理解力和对作者观点的理解，同时，你也能成为一个更加具有批判性思维的读者。

> 1. 接受新思想。
>
> 2. 对一无所知的事情，不去争论。
>
> 3. 知道自己何时需要了解更多。
>
> 4. 意识到对同一个事物或者词汇，不同的人有不同的理解。
>
> 5. 意识到绝对真实的事物与可能真实的事物之间的差别。
>
> 6. 避免草率归纳。
>
> 7. 质疑任何讲不通的道理。
>
> 8. 区分情绪化思维与逻辑思维。
>
> 9. 扩大词汇量以便能理解他人，使他人也能理解你。
>
> （节选自《批判性思维》（卷一），作者为安妮塔·哈娜德克，已获得授权使用文章。）

批判性思维：与作者互动

本章中，我介绍了几种可以训练批判性思维的技巧，使你成为更具批判性的读者或与作者互动。假设某篇文章引起你的兴趣，到文章末尾，你对作者的观点有了评价，或喜欢或不喜欢。既然你已经与作者进行了假想中的对话，表达了自己的观点，并（或者）质疑了他／她的观点，为什么不与他／她进行真正的互动呢？我并不是说要跟他／她见面（尽管这有时也是可能的），而是与她通过电子邮件或者信件进行往来。

作为作者，我很享受收到读者的信件。他们读过我的文章或书籍，信件内容各不相同，有的满是赞誉之声，也有的是恶意的批评，通常会有对我得出的结论的质疑。这样的反馈帮助我更加了解我的读者。通常，我会根据他们的提问选择与一人进行互动。记住，尽管并不是所有的作者都会回复来信，大多数还是会回信分享经验，提高知名度，或者引起公众在某个领域的兴趣。

作为读者，当发现某作品很刺激有趣时，我有时也会与作者进行书信往来。从他们的回信中，我对他们的作品了解更多，并获取了更多的资料，这进一步增加了我的背景知识，也使我可以进一步批判性阅读作者的作品，有了更深的理解。

阅读加速器：笔向下动起来

"笔杆子动起来"这一定速法有两种方式。可以选取杂志、报纸或本书中的一页来试验下，确保书是平放的，而不是双手举起的。

第一种方法是"笔向下动起来"（另一种为"笔横向动起来"）。

拿支顶部封闭的笔（不能是铅笔），垂直拿着点在你要读的段落的顶端或中间。你的眼睛看着笔尖下的一两行。开始读时，将笔向下移动，每行停顿两三次，一次尽量读得多一些。记得使用关键词、意群法或者关键意群法来帮助你快速阅读。熟练运用这个方法后，试着更快些移动笔。

在"笔横向动起来"这个方法中，将笔放在你要读的那一行上方，水平移动。盖住读过的词，露出要读的词，这个方法与卡片定速法类似。

检验你的态度

我们来做个态度检测。填写下句空白处。

我是个_____的阅读者。

你的阅读态度改变了吗?

重要提示：善意的怀疑

迅速翻阅某本杂志，选择一则广告，并与创作者进行假想对话。他想告诉你什么？或者他想卖给你什么？他是怎么做的？你认为为了让你购买，他还用了哪些隐藏的方法？你越习惯于这种善意的怀疑，阅读文本时提出的问题就更深刻、更引人深思。你的回答可以帮助你成为更加博学的、批判性的读者。

第七章会继续带来新的秘诀和方法，告诉你怎样从一大堆阅读材料中，基于它们的价值、你的时间和兴趣来进行选择。你还会了解怎样控制你的材料不再增多，使之更加有质量，而非单纯数量增多。

7

战胜阅读拖延症：
读书不再如抽丝

不是没时间，只是在拖拉，
别让"以后再读"成为阅读路上的绊脚石

连环相撞可能发生在任何一场汽车比赛中。这可能因为好几辆车同时试图避开开得较慢的车，跑道的条件不佳导致车辆滑行，或者太多赛车挤在一起。这与阅读材料堆积成山的原因是相似的：你读得太慢，不是在最佳的轨道上阅读，或许被堆积的待读量吓住了。

面对待读材料堆积的情况，你可能想知道如何摆脱它，如何避免再次出现类似情况。但是在我们解决这个问题之前，需要先知道阅读材料为什么会堆积。

阅读材料为什么会堆积如山？

多年来，我已经发现了几个普遍的误区，最终导致了阅读材料越积越多。它们是：

- 我以后会读。

- 如果看书，我就不能工作。

- 我需要读收到的所有材料。

- 我需要记住所读到的。

- 为了个人或职业的发展，我需要它。

让我们更仔细一点地看看这些态度和误区。

● **我以后会读**。你获得这些阅读材料时，通常当时不能停下正在做的事情去阅读，所以你把它放在一堆称为"以后再读"的材料里。你说，"哦，我以后再读它"。但是"以后"很少到来，这一堆只会越积越多。

● **如果看书，我就不能工作**。与商务人士共事数年之后，我清楚地知道，他们中的许多人觉得阅读并不是日常工作的一部分，在上班时读书感到不自在。他们认为工作的时候阅读就像是在滥竽充数。尽管老板并没有说过不允许在工作时间阅读，但是许多员工相信老板更喜欢他们在工作时间之外阅读。不过，还有比阅读相关书籍来获得好的商业理念以及保持当前领先或是超越其他竞争对手更为有效的方法吗？

● **我需要读收到的所有材料**。有人认为他们需要阅读信箱或电子邮箱里收到的所有内容。如果你这么做了，真的读了所有这些材料，那么，在余下的人生里，你就不会有太多的时间做别的！事实表明你并不需要，也不应该读所有的材料。

● **我需要记住所读到的**。这直接来自学校的经历。毕竟，你考的就是你所读的东西，是吧？但是，在现实世界中，没有官方的考试考你所读的东西，除非你是一名学生。有时你只是要与他人分享所读到的东西，或者只要理解其中的道理即可。

许多未经训练的读者所用的阅读方法还是他们在学校时的做法：连他们所读的东西是关于什么的都不知道，就试图记住一切。记忆的过程本身是为了短时回忆而试图把信息印入大脑的一个机械过程。任何学到的信息你最多能记住几天。几天后，几乎所有的细节都会被遗忘。对于多数的阅读需求来说，这是不必要的阅读阻碍，使阅读变得冗长乏味并且毫无所获。

记住所读内容的最好方法就是以书面或电子的方式创建一个好的检索系统。这需要你摆脱心中固有的必须把一切都记住的压力。大多数时候，你不知道哪些信息是有用的或什么时候会用到它。那种认为可以详细地回忆起几个月前或去年所读的一段材料的想法是不现实的。我所读的材料是我认为以后会用得上的，而且预览后只读那些我感兴趣的部分。通过记住关键词，并且/或者通过边注，可以有效地突出所读的内容。最后，把它归档，放在有标签的文件夹里。随后，当我再看这些文件、杂志或书时，看到我选的精彩部分和写下的边注，我就会非常地激动，尽管我可能不记得读过它。这个存储系统节省了自己的时间和精力。

- **为了个人或职业的发展，我不得不读。**如果你想不断地提高自己，你应该把阅读当作学习的一种手段。然而，想学习一个主题，你不需要收集和阅读与之相关的所有文字材料。当我第一次怀孕的时候，我开始搜集相关的育儿杂志和书籍。相信我，相关的信息是海量的。为了缩小范围，我向我的朋友和有经验的父母咨询并找来他们读过的书来读。我也去图书馆和书店。书架上的书我会先预览，一旦发现我认为不错的书，我会读那些让我感兴趣的部分。仅仅从所选的读物里，我对于怎么当好父母有了更强的自信心；感受到这份信心，当然不必去阅读相关主题的所有文字。

作为一名独立商业投资人，我不仅是优秀的演讲者和培训师，还要懂得如何使用和维护电脑、追踪我的收入与开支、安排办公室、管理应收账款和应付账单、市场营销以及推销服务等等。我认为事业的成功主要得益于我有选择地阅读，并从中学到我所需要的内容。通过阅读，也可以用更少的时间学习更多的东西。

给阅读材料分类

急诊室医生会分流入院的病人，他们根据病人是否需要立即治疗，把病人分成几组。你也可以使用这种方法为你的阅读材料分流，优先考虑并按照从高到低的顺序来选择阅读材料。

首先，你知道所读材料实际上是关于什么吗？是从哪里来的？在知道你不必读什么之前，你需要知道都有些什么。看看下面的六个策略，挑出你可以马上使用的一个或几个。

1. 取消订阅并退出收件人名单。如果收到不请自来的电子邮件时，可以在电子邮件的结尾处，按照简单的说明进行退订。在发送名单上，不管是电子的或是纸质的，都能找到退订的办法。你退订得越多，收到不想要或不必要的阅读材料就越少。

2. 预览所有内容。记住预览（第五章）是一个很棒的筛选工具。使用这种技巧，只需要很短的时间就能决定一篇阅读材料是否值得你花时间和精力去读。

3. 把文章复印或剪下。当阅读材料如杂志或专业期刊寄到时，迅速预览一下目录找到你想要读的文章。如果当时没时间读，把这篇文章剪下来或撕下来或是复印一份，然后把杂志扔掉。一小堆精心挑选的文章比一大堆杂志或报纸更具阅读吸引力。

4. 使用便签贴。不用特意地把哪几页标出来，也不用把书页的一角向下折，不如贴个便签贴在以后想回头读的页面上方或者旁边。也可以在上面写上主题或关键字，以便于日后参考。

5. 准备一个记目录的笔记本。如果收到一本专业杂志，或是一些你日后想要参考使用的东西，比如关于食品和烹饪的杂志，都可以复印其目录，再根据其日期顺序把它贴在一个笔记本里。如果有不止一本杂志或出版物，在笔记本里放一个书签来区分不同的内容。当想要查找某一话题或信息时，就只需翻笔记本而不需翻看每一本期刊或杂志，从而节省时间。

6. 扔掉垃圾邮件。查看邮件时，站在垃圾桶旁，看看来信的地址和邮票。把所有你不想要的商业广告立即扔掉。如果邮票或邮资小于一元钱，或者你的地址是打印的，就说明该邮件是成批发送寄出的并且极有可能不是你需要和想要的东西。

阅读训练七：阅读虚构类作品

又是测试你的"引擎"的时候了，只花五分钟或更短的时间。在接下来的阅读练习中，尝试你所学到的一些技巧，试着使用关键词、意群、关键意群或加速器来阅读，并为持续成功的阅读保证一个良好的环境。

1. 预览文章。给自己定时（最多30秒），快速预览引言，段落首句以及你要回答的问题。

2. 计时。现在尝试一下读完下面这篇《同命相连》需要多久。将你的总时间写入文章后面的空格处。

同命相连

约翰·D.惠特曼

"干得好！"吉尔克里斯特说道，向后靠在了圆桌上，他是一个生活轻松的男人，不仅拥有这里的家具，而且配备家具的这整个大楼也都属于他。

"谢谢，吉尔克里斯特先生。"

"我必须告诉你，当你第一次进入董事会时，我有我的担忧。我知道你有妻子和两个孩子。"

妻子。两个孩子。在办公室里，马克斯想的只有生意，他的家庭生活被提起，这令他感到不快。

"我的意思是，你得承担义务，他们才是最重要的，"吉尔克里斯特接着说，"在这种快节奏的工作中，你是唯一有家室的人，我担心你的注意力……"

"我很幸运，拥有一个支持我的家庭，"马克斯插了一句。

"好，我环顾四周选择二号人物，马克斯，可能是你。"

马克斯想着那些话，就像穿着长着翅膀的鞋一样轻飘飘地回到办公室。他拿起手机，按下快速拨号的1号键。

"二十世纪福克斯。琼·凯利的办公室。"

"是二十一世纪的狐狸（'狐狸'在英语的发音与"福克斯"相近）吗？"他问道。

另一端的声音笑了。"嘿，凯利先生。请等一下。"

马克斯听到一个点击，表示他被转机。琼把她的车载电话接起来，说："嗨，会议开得怎么样？"

"太棒了，"他说。"老头子已有暗示。"

"你是个明星人物，"琼说。

"但这意味着接连的工作。我想我会迟到的。"

话音一顿。世界的声音呼啸着经过另一个世界，在那里数字化连接的另一端，是一个带着问题、带着最后期限的世界，其艰巨性只有通过停顿的长度来表达，她说出两个字："孩子"。

"我知道，"他说。"但是我想如果我完不成这个报告的话，我就不能成功。你能去吗？"

又一个停顿。电话线的另一端，琼·凯利正飞驰地驶过卡汉加大道，驶离伯班克，前往在斯特斯举行的一个午餐会。在广告牌和公寓之间的间隔处，她瞥了一眼山坡上晒干的草。树木看上去很古老，就像是来自她的小学历史课本。当她还是个孩子时，她曾研究过加州历史。她开车驶过美国军团大厅，大厅的前面还摆放着大炮，让人回忆起1845年卡汉加大道曾经是洛杉矶唯一发生战役的地方。

她叹了口气，投降了，"我试试看吧。"

（约830字）

✎ 此处写下你的阅读时间：_____ 分 _____ 秒

3. **阅读理解**。请不要回读，立刻尽力回答下述问题。估计自己答对的题数并将数字填入下面空白处。

回答以下问题是正确（T）、错误（F），还是未提及（N）。

＿＿ 1. 马克斯的老板没有成家。

＿＿ 2. 马克斯的老板担心马克斯的快节奏的工作会受到来自家庭的拖累。

＿＿ 3. 马克斯有一个妻子和三个孩子。

＿＿ 4. 马克斯的姓是吉尔克里斯特。

＿＿ 5. 马克斯拨的1号快拨键连接他妻子的办公室。

＿＿ 6. 马克斯的妻子在二十世纪福克斯电影公司做秘书工作。

＿＿ 7. 可以推断，马克斯的妻子也忙于自己的事业。

＿＿ 8. 马克斯的老板告诉他，他不能参加孩子们的课外活动。

＿＿ 9. 马克斯的妻子希望她以前没有给管家放假。

＿＿ 10. 马克斯感到幸运的是拥有一个支持他的家庭。

现在，预计一下十个问题中你做得正确的题数：＿＿＿＿＿＿。

4. 检查答案。翻到205页查看答案。如果有做错的，写上正确答案，再回到原文中，弄明白自己为什么会做错。

5. 计算理解力百分比。将自己做对的题目总数乘以10，得出的数字写到207页的个人进度表中。

6. 计算每分钟阅读字数。看下你的阅读时间，并将秒数四舍五入。然后翻到208页的阅读分钟数查看表，算出每分钟阅读的字数，将其写入个人进度表中。

7. 记录阅读训练分数。回到207页的个人进度表，确定已经记录下每分钟阅读字数，理解力百分比以及做练习的日期。记录下其他细节，比如，阅读时间、其他事务以及采用的阅读策略等，也会很有用。

充分利用碎片时间

抽时间阅读是一个减少阅读堆积量的好办法，但是一天只有24个小时，你会认为每个小时都已经被睡眠、工作、学业、公事等等所占满。你或许认为一天的时间是固定的，不可能有更多时间，但是事实并非如此。真正需要考虑的是你该如何利用时间，以及反思如何充分地利用好时间。

我总是在工作室里抽出一段时间来和学员进行时间管理。在讨论中，我建议学员记一周的"每日时间日志"，记录你从早上起床到晚上睡觉这一整天的"时间日志"。当然，每天都有可能是不同的。例如，假设你6点起床，7：15去上班。你的时间日志应该显示你在这1个小时零15分钟的时间里做了什么，例如起床、洗澡和打扮，准备早餐以及吃早餐，还有看五分钟的报纸。坚持记下你一整天里所做的活动，比如上下班、开会、预约、看电视或打电话所花费的时间等等。

虽然你已经感到来自事业和个人事务对时间的限制，但是做一周这样的记录是值得的。一旦完成了一周的记录，就可以试着确定每项活动所花费的时间是多少，包括花几小时睡觉、准备饭菜、吃饭、上下班、看电视、上网，或者做家务。有了这样一个记录，你对于如何安排时间会有一个清晰的规划。如果总数小于二十四个小时，那就试着找出剩余的时间在做什么。

现在看看你的日志。时间是花在了你想要做的事情上了吗？还是有太多的时间花在你不感兴趣的事情上？理想的情况是，当你看到日志时，你应该因为时间过得有价值而感到快乐和满足。

为了找到更多的阅读时间，回顾日志，寻找以下几点：

- **没被计算在内的时间**。这部分时间是用来进行阅读的最合适的时间。

- **耗费时间的事情**。例如，看电视，煲电话粥，或者上网。建议花更少的时间做这些事，挤出更多的时间来阅读。

- **可以同时完成多项任务的时间**。例如，在上下班的途中，或等待开会，或等待预约时，都可以阅读。记得随身带本书或杂志，因为你永远不知道什么时候有空。

- **你留出来准备读书但通常不太清醒的时间**。把一天中最清醒的时间拿来阅读吧。当大脑清醒时，阅读是最有效率的，可以用更少的时间读更多的东西。

- **相信总能挤出几分钟**。吃午饭时，为了避免熙熙攘攘的食堂，你可能想要在办公桌上或找一个安静的地方吃饭，读书也是一样，总能找到合适的时间来阅读的。

找时间阅读并不意味着每天必须安排同一个时间段，而是无论何时何地，尽可能地去读。我的丈夫是一个注册理财规划师，会定期收到很多报纸和杂志。跟上其领域的发展对他和客户都是很重要的。他每两周（有时是一个月一次）把他搜集到的所有阅读材料集中起来，花几小时浏览这些在过去两个礼拜中没有机会查看的材料。当他读完时，我可以看到他脸上浮现出的满意神色，同时他手里拿着撕下来的几篇文章（需保留的），而其余的都被扔进了垃圾箱里。

在等待中充分挖掘阅读时间

你会不会经常发现自己在杂货商店前面排队等候或是坐在医生的办公室旁边等候？这是关于碎片时间的两个很好的例子，用零碎的时间阅读是增加阅读机会的好方法。例如，这里有能帮你在碎片时间里快速阅读一本杂志的几点指南。

- 基于标题或杂志封面选择要读的文章。

- 当然，要选择一篇最感兴趣的文章。

- 快速浏览封面目录，寻找感兴趣的文章。另外，如果时间允许，寻找可能想看的其他文章。

- 翻到感兴趣的第一篇文章，然后预览一下。读一两段，再读读段落的首句。看看插图、标题和其他如工具条或文本框等有突出特点的内容。根据你的时间，决定是否需要细读这篇文章或是预览下一篇文章。

如何在到达目的地之前读完报纸

上班前能把早报读完是不是感觉很好？如果上下班乘火车、公共车或拼车，你就有可能在上班前读完报纸。显然乘车的时间越长，阅读的机会就越多。然而，即使上下班路途短，仍可以在有限的时间里得到很多的信息。

读报时的心态可能极大地影响你能否快速、有效地阅读。试着阅读报纸就如同读一份将在两个小时后的会议中讨论的报告那样，有一种时间的紧迫感。限时读报有助于确保完成任务。

这本书中已讨论过的许多技巧都可以应用于快速读报：

- **确定目的和任务**。例如，目标可能是了解在当地和世界上发生的重大新闻，或者在相关的专业知识领域里，如商业、房地产、艺术等领域，学习新东西。

- **预览**！如果打算在周一早上上班的路上把报纸读完，你最好一次只看报纸的一个版面，而不是把整份报纸都读完，特别是周日版。不看广告部分，那么报纸的精华就在手中。

预览报纸的一版时，要快速翻阅，注意日期、标题、索引、头条以及图片下面的题注。心里思索哪些文章与目的相关。同时，可以通过在标题旁边标圆点作记号，或把关键字或短语写在该文章的空白处的方法，记下能激起你阅读兴趣的和与你阅读目的相关的文章。

- **略读与扫读**。略读、扫读和浏览所选的文章，寻找与目的相关的信息。

- **关键词、短语和加速器**。记住要使用关键词和意群，以及加速器等技巧来优化阅读。

在公交车上看报纸的秘诀

在上下班公交车座上这样狭小的空间里读报是极具挑战性的。上下班使用的折叠夹能帮助你折叠、保存报纸，并把所读的报纸页数减少到要读的页面。以报纸为例，请遵循以下几个步骤。

- 展开报纸，第一版就展现在你眼前。

- 把报纸的右边竖着对折，这样，报纸的右半部分就折在一起了。可以从想读的第一版的左边读起，读完后，左边对折，右边打开，开始读右边的内容。

- 用左手掀起第一版右下角，向上折，让第一版的右边与第一版的左边对在一起，你就能读到第二版的左边了。如果把整页翻过去，你将看到第三版的右边。

- 如果要看第二版的右边，把第二版继续往上折。看完第二版后打开，这样第二版的左边与第三版的右边就合在一起了。

记住，报纸里的单词与小说里的几乎一样多，所以你不可能记住所看的信息，也不能知道所有的单词，但你可以明智地选择你所读的材料。

如何快速阅读商业信函

书面商业信函的长度和格式各不相同，例如备忘录、信件、报告、保险单，FYI（供你参考的信息）等等。记住，速读不是指速度快，而是指能够控制阅读速度，要快则快，要慢则慢。有意识地决定你采用什么样的速度，这取决于：

- 沟通的主题。
- 与当前任务的相关性。
- 谁发送的。
- 你的时间安排。
- 关于这一话题的知识水平。
- 作者的写作风格。
- 是否需要回答。

无论是何种的书面交流类型，阅读时一定要大体上预览一下它的内容，运用关键词、意群或关键意群，以及加速器（用手或卡的方法）。

快速阅读电子邮件的小窍门

如今，电子邮件现已成为商界的一种社交礼仪，被广泛地用于与员工和客户等的交流。这里有四个技巧帮助你管理你的电子邮箱。

- **查看收件人及发件人**。你是这封电邮的众多收件人之一吗？还是只发给你的？如果是群发的电子邮件，那么更有可能是FYI（供你参考的信息）而不是至关重要的商务信函。如果电子邮件的程序允许，你可以设定偏好设置，把某些发送人的电子邮件发送到特定文件夹。例如，老板发过来的所有电子邮件会自动进入"老板"文件夹中。所以，每天当你检查收件箱时，可以先看该文件夹。

- **查看邮件主题**。理想情况是，电子邮件的主题提示你该电子邮件关于什么。鼓励发件人把邮件主题写得具体些，让你在打开邮件之前就一目了然。一些例子：

回复（RE）：12号的会议的议程。

回复（RE）：预算提案进行得怎么样？

回复（RE）：感谢你在销售会议上的快速反应。

通过阅读电子邮件的主题，就能确定你是否需要阅读这封电子邮件，这封邮件是需要保存，还是大致地看一下就可以，还是不用读就知道是否可以删除。

- **预览**。一些电子邮件程序能让你预览信件，可以快速浏览一下信件内容从而决定你想现在、以后还是永远都不会看它。

- **快速阅读技巧**。在屏幕上可以使用关键字、意群或关键意群技巧。然而，加速器是更具挑战性的。不是使用光标指着逐行阅读，而是试着用鼠标滚动到你想要阅读的部分文本，阅读整个部分。然后滚动到你想读的下一章节的文字，把想要跳过的部分滚动过去。

阅读加速器：S形跨越式阅读

下面介绍另一种加速器。张开手，移动手指是个很舒服的动作。选择一本杂志、报纸，或者这本书的某一页，确保将所要阅读的材料放在很平稳的适合阅读的地方，不要用手拿着阅读材料。

打开左手或右手，手指向外伸展，掌心朝向书页。把手放在文本上，把中指放在每一列的中间部分。手以S形慢慢地一次跨越几行地向下移动。移动时，手只要轻轻触摸书页。眼睛从左向右移动，使用关键字、意群或关键意群法来帮你读得更快。跟随中指向下读，当你越来越习惯这样做时，可以试着将手指移动得快些。

如何快速浏览网站

无论你是做研究的学生，或是研究新项目或研究竞争对手的职业人士，还是一位热爱在家中搜索旅游信息或是装修信息的上网者，都能在网上找到有用的、有价值的信息。但是，有时候你发现你花了更多的时间来查找想要的信息。

尼尔森·诺曼集团的雅各布·尼尔森是一位有名的网络调研员，给网络用户起了两个非常形象的名字：**搜索者**、**吸收者**。上网搜索者是信息搜索者，他们苦苦地寻找他们所要查找的内容，专心致志并渴望发现有价值的信息，成功定位所需信息后，就不会花费额外的时间。然后，他们会吸收所搜集到的信息。他们不会从头读到尾，而是先浏览、寻找特定的信息。一旦发现信息，就把它消化吸收掉，或略读找到更多的细节。这种行为模式显示网络用户使用快速阅读技巧是轻车熟路的。

这里有一些提示，能帮你控制所要搜索的网站数量，并不用费力就能获得关键的信息。

● **有效地使用布尔逻辑搜索**（Boolean searches）。你所要搜索的结果范围越小，你要读的东西就越少。布尔逻辑搜索是指通过使用最有效的检索词使你找到要找的材料，通常采用单词或符号，如"和"或"+"。搜索引擎将定位带有你所列的字词或术语的网站。例如，当您输入搜索词"莎士比亚"时，有6600000个相关网站，但使用布尔逻辑搜索就能把你的选项缩小为"莎士比亚+地区节日"。

- **把你最喜爱的网站放在收藏夹里。**当你想要回头看看并查找获取的信息时，这样做将节省你的时间。

- **使用快速阅读技巧。**你可以在屏幕上使用关键字、意群或关键意群技巧。

- **设定上网时间。**经验丰富的用户知道互联网很容易占用宝贵的时间。如果你在网上浏览时，设置一个具体的时间段，到时间就下线，你就能工作得更有效。

检验你的态度

我们来做个态度检测，填写下句空白处。

　　　　我是个＿＿＿＿＿＿＿＿＿＿的阅读者。

你的阅读态度改变了吗？

重要提示：阅读节拍器

如果真想让自己更熟练地使用这些快速阅读策略，那么请试着使用节拍器。节拍器是音乐家使用的计时设备。它可以设定不同的速度，每当节拍器来回摆动时，会发出滴答声。做这个练习时，我建议选择窄栏的阅读材料，如报纸或杂志。首先把节拍器设为慢速以衡量你的阅读能力。你的目标是响第一声时开始阅读第一行开头，响第二声时，读到了第一行的结尾，响第三声时，看到下一行开头，以此类推。严格地按照节奏阅读是很有挑战的，但是这个练习对你提高阅读速度很有用。当你发现你的阅读速度比计时要快时，就要给节拍器提速。

第八章将提到具有超速特性的略读、扫读和跳读。你也会学到一些与电脑屏幕阅读有关的内容。

8

控制阅读速度：
灵活切换精读与泛读

精读和泛读共同结合，
在阅读中得到思维与语言表达的双重训练。

在高速公路上，你可以把车开到每小时100公里甚至更高。但在高峰时间，可能就不能开这么快。在城市的主干道上，深夜可能比中午开得要快。有许多因素决定你的车速，如时间、交通、天气条件、施工区等等。赛车手也要根据跑道的条件调整自己的车速。意识到这些因素并相应调整驾驶速度，就可确保安全和高效的行驶。

今天要了解的是阅读的速度控制，相关技巧有略读、扫读和跳读。阅读目的（见第三章）和预览的运用（见第五章）都是决定超速阅读的关键因素。你会发现纸质阅读与电脑屏幕阅读之间的区别。此外，你有机会来衡量自己的阅读态度以及通过计时练习来跟踪阅读进度。

必要时减速精读

赛车都是手动挡控制的，这是因为用手动换挡调整速度比自动换挡更高效，控制力更强。高效的读者同样也能在阅读时换挡，可随时根据路况或司机的状况，灵活地改变挡位。

在赛车时，有旗手晃动旗子来通知车手应提速还是减速。如果一切正常，车手可以提速，旗手就挥舞绿色旗。如果车手需要慢下来，旗手就举起黄色旗。

如果你有自己的阅读旗，就能明确知道什么时候可以加快阅读，什么时候应该减速仔细读。从之前的章节中你已经了解了许多信号——学会关注每个信号，从而调整阅读速度。

- **目的与任务**。如果阅读目的是获知材料的要点，那么你就可以加快速度；如果阅读目的是学习或记忆，那么就需要慢下来。

- **预览**。预览为你提供背景知识。熟悉相关的背景知识有助于提高阅读速度。不了解背景知识，你就得花更多的时间来猜测所读内容的意思，于是就读得更慢，或是你把不需要读的也给读了。

- **背景知识**。如果面对的是熟悉的或是词汇简单的阅读材料，你可以放心大胆地提高阅读速度。不熟悉的或词汇艰深的材料也会使你的阅读速度慢下来。

- **噪音水平**。在一个没有噪音的地方，你会读得更快和更有效。大多数成年人喜欢安静的地方。嘈杂会降低你的阅读速度。

- **分心和干扰**。阅读时，减少分心和干扰将帮助你更快地阅读，通常随之而来的也会有更好的注意力和理解力。如果孩子、他人、电话、电子邮件，或其他的事情随时在干扰妨碍着你，那么你自然而然就会慢下来，并导致注意力和理解力的下降。

- **时间因素**。如果书马上到期要归还了，你就有理由来提高阅读速度。如果时间很充裕，那么你可以自由地选择是快点读还是慢点读。

- **当前状态**。以一天中的最佳状态，在最清醒的时候阅读有助提高你的阅读速度。在状态不佳的时候或昏昏欲睡的时候阅读，你的阅读速度就会慢下来。

- **身体条件**。如果休息得很好，不饿、衣服舒适、感觉良好的话，你的阅读速度就比疲惫、饥饿、难受，或是生病时要快。我调查过我的学员，问他们有多少人大部分时间是感觉舒服、精力充沛的。没有多少人举手。如果你大部分时间都感觉累，我不想让你觉得自己这辈子注定会阅读得很慢。现在就是利用加速策略来帮助你快速阅读的好时机。如果读得更快，你会有更多的睡眠时间。

- **使用快速阅读技巧**。积极使用阅读策略如关键词、意群、关键意群，或加速器，你会读得更快。

- **选好位置**。如果读书是为了学习或工作，那么选一个大脑习惯工作的地方，比如书桌旁，这可以帮助你读得更快。

- **温度和照明**。相比照明不足或温度不舒适的房间，光线适合、不冷不热的房间更有利于快速阅读。

- **兴趣**。人们对感兴趣的材料会读得快一些。一些读者喜欢读材料的要点、主旨，而其他人则喜欢慢慢细读，从头读到尾，读每一个细节。

- **每一栏的宽度和打印的尺寸**。你知道自己更愿意读窄栏还是宽栏吗？哪种字体和大小是眼睛更喜欢的呢？一般来说，宽栏比窄栏更具有阅读挑战性。然而，加速器适合任何栏的宽度。眼睛看得舒服的阅读材料能使你读得更快。

- **作者的风格**。如果作者的风格吸引你，你喜欢读，就会读得更快。如果你不喜欢作者的风格，也就读得慢。

你可能想，"如果阅读时所有的绿旗同时都举起来，这该是多棒啊。我怎样才能做到？"是的，这种情况是极好的，但也是极少见的。在这里并非要追求完美，而是尽量控制阅读材料、阅读时间和环境，使你尽可能高效阅读。

不过，请注意，即使是阅读高手也有表现糟糕的时候，但这并不意味着他不能快读，只是说根据当前的跑道情况，他必须更好地控制挡位。例如，你要阅读第二天商务会议的一个报告，但是你已经真的非常累了，你会怎么做？你可以小睡一会儿或者第二天早起读报告。我总是建议在光线好的桌子或书桌旁阅读，千万不要在很累的时候去读任何重要的东西。因为你会做白日梦，很难跟上作者的思路，也记不住你读过的内容。

略读、扫读、跳读

略读、扫读、跳读的功能就像换挡超速。它们是最常用的三大阅读技巧，可以被统称为**不读**的技巧。这三个技巧的关键在于知道何时做以及如何做，同时又不会漏掉可能需要从阅读中了解的内容。阅读目的与阅读任务决定如何选择阅读技巧（见第三章）。

略读

要寻找文章的大意或中心思想时，可使用略读。略读是一种有效的阅读方法，即有选择地阅读，以抓住文章的大概意思。

如果阅读目的是如下几点，可以略读：

- 从大量材料中找出中心思想。

- 看看某段是否可以跳过不读。

- 找到需要细读的材料。

- 通读全文不求甚解，只求梗概，观其大略。

适合略读的材料包括网站、电子杂志、报纸杂志、非虚构类书籍以及说明书，但不限于此。

略读与预览类似，但两者有一个区别。略读时，不仅读段落的首句。虽然首句通常是这一段的主题句，但很多时候，即使没有读过整个段落，你也能从该段的其他部分中获得重要的细节。如果认为首句不是很有帮助，可以看一下第二句话的一两个词，然后眼睛快速向下扫视该段的其他部分，搜索姓名、日期、数字，以及任何与阅读目的相关的细节。偶尔，如果首句和这些细节都不足以概括该段的内容，那么，只有读一下该段的最后一句。接下来的段落，也是同样的做法。要使用该方法，跳过某些细节，必须明确地知道你要找的是什么。

介绍略读这一技巧所花费的时间比实际运用该技巧的时间长。略读时必须快速、灵活，就好像是踮着脚尖跑过障碍赛。下一页就是做略读时眼球运动的一个例子。请尽可能快地让眼睛抓住单词。

略读练习

从杂志里选一篇文章或从想读的纪实文学作品中选出一篇文章，然后定下阅读目的和阅读任务。阅读目的可能就是简单地略读一下文章，但是阅读的任务是发现尽可能多的细节，由于兴趣点不同，不用读所有的内容。遵循上文中给出的略读技巧，每一页给自己15到30秒。如果想在最短的时间内得到最多信息，时间甚至可以更短。当读完时，评价一下你的体验。你把握要点了吗？你读得够快吗？下次略读时，会有什么调整？记住，只有反复练习才能熟能生巧。

扫读

与略读相反，扫读是用来寻找特定的细节，即一个特定的信息。你可能一直都在使用扫读这个技巧，但没有意识到。扫读的价值体现在当你：

如何略读

通常以均速读完首段。因为它通常包含着所讨论的概论或概述。

然而，有时第二段包含概论或概述。在第一段中作者可能只是"做热身活动"，或说一些巧妙的话来吸引读者。

完整地读完第三段可能没有必要，但是 … … … … … … … … … … 中心思想通常是出现在起始句 … … 主题句 … … …

…除了首句之外，读者应从段落的其他部分获得一些但不是所有的细节 … … … … … 名字 … … … … … 日期 … … … 这行话对你无意义

… … … … … … …
… … … … … … …
… … … … … … …

因此有时中心思想是位于段落的中间或结尾处。

一些段落仅仅是重复作者的观点 … … … … … … … … … … … … … … … …

偶尔中心思想在起始句中找不到，那么必须读整个段。

那么略去下一段的很多部分不读 … … … … … 来弥补时间 … … 记住要保持住一个非常快的速度… … … 800字每分钟 … … … 不用担心每段有一半或一半以上没读 … …不感兴趣但开始阅读所有的内容 … … 略读是一项任务

… … … … … … … …
… … … … … … … …
… … … 低的理解能力是可预料的。

… … … … … … …
… … … … … … …
… … … … … 50% … … … 不太低 … …
… … … … … …

略读练习会使它更容易… … … … … 赢得自信心

或许从后面几段得不到任何信息 … … 不用担心 … … 略读有许多用处 … … 报告 … … 报纸 … … 增刊 … … 文本 … … 尾段要好好读往往是总结。
记住：略读的意义只是快速获得作者的主要观点。

（爱德华·费赖伊的《如何略读》选自1963年出版的《快速阅读手册》，剑桥大学出版社重印。）

- 在互联网上搜索资料时。

- 查看电视列表，找你所喜欢节目的播出时间时。

- 在索引或目录中查询某一特定的主题时。

- 在日报上查找体育比赛的比分时。

- 在电话本上查找电话号码时。

读者经常会略读并扫读同一份材料。读报时，可以略读，快速地浏览头条新闻，寻找你感兴趣的故事，然后可以扫读，查找特定的细节，如与谁相关、什么时候发生的，或花费了多少钱。登录零售网站时，可以略读，快速浏览主页和链接，获得网站所提供的内容以及网站促销等信息。然后去点击链接的页面进行扫读，发现具体的细节如商品的说明、价格，或作用。

最简单的进行有效的扫读的方法是将一个钢笔或铅笔完全垂直地立在一列或一页的中心。眼睛在每一行上停两下，钢笔的左边停一下和钢笔的右边再停另一下。窄栏可能只需停一下，宽栏可能需要停三下。扫读两行间的空白处可能比你一行行的扫读效果更好，因为注意力被更为均匀地分布在你的视野内，而不是集中在单个词语上。

一旦掌握扫读的技巧，就可以不用把笔放在纸上。笔是为了提醒未经训练的读者不要重回逐字阅读的老路。

扫读时，理解不是100%就是0%。如果找到查找的内容并能把它准确地记录下来，你的理解就是100%。如果不能准确地找到查找的内容或不能正确地记录下来，你的理解就是0%。

扫读练习

下面是一个电话簿以及十个问题，要求你从通讯录中寻找几条信息。在计时器的帮助下，你的手或者手指引导着你的眼睛向下看并寻找答案。只有当你把眼睛驻足某处时，留意你的眼睛是如何分辨有用的信息的。试一试用你的余光看眼睛停留点的上方和下方。当你找到问题的答案，请快速、准确地记下答案。注意：下文中所有人名的姓氏都是一样的，为了节省时间就不用把姓氏写下来。

为了使这次练习具有挑战性，请你计好时间。仔细阅读下面的问题。

1. 谁的电话号码531-7379？

2. 谁住在格里格2号？

3. 找出有多少个位于帕尔默山路296号的电话号码？

4. 小约瑟夫·L.海耶斯的办公电话是？

5. 谁的电话号码是661-3383？

6. 谁住在泰康利路182号？

7. 位于沃特路南205号的电话号码是？

8. 理查德·A.海耶斯的地址是？

9. 谁的电话号码是868-1391？

10. 谁住在湖街795号？

位于橡树岭56号的A. M. 海耶斯的电话号码是868-5178

位于亨利街80号的安妮·M.海耶斯太太的电话号码是532-7968

位于海滨路179号的海耶斯古董店的电话号码是632-1023

位于加斯顿农场路7号的B. W. 海耶斯的电话号码是868-2933

芭芭拉·S. 海耶斯的电话号码是629-9016

位于欧文欧克路10号的巴兹尔&克莉丝蒂·海耶斯的电话号码是637-4810

位于帕尔默山路296号的贝丽尔·海耶斯的电话号码是637-8993

位于湖街790号C区的海耶斯的电话号码是661-1248

位于威布市科洛尼尔街的C. 海耶斯的电话号码是637-4208

位于霍桑4号的克里斯多夫·B. 海耶斯的电话号码是531-9084

位于鲍曼街92号的克劳德·H. 海耶斯的电话号码是531-7379

位于梅森83号的克莱姆·海耶斯的电话号码是629-4785

位于米尔250号的海耶斯公司的电话号码是531-0225

位于领航员罗克街5号的大卫·海耶斯的电话号码是637-7561

位于米德大街54号的大卫·J. 海耶斯的电话号码是531-7231

位于克里弗戴尔路58号的戴维森·D. 海耶斯的电话号码是622-0279

位于北梅普尔的伊丽莎白·C. 海耶斯的电话号码是868-1114

位于马克斯路35号的弗朗西斯·S. 海耶斯的电话号码是637-1286

位于布鲁克瑞兹街14号的弗兰克·D. 海耶斯的电话号码是868-6084

位于湖街南24号的乔治&凯西·海耶斯的电话号码是637-0635

位于奥特·洛克街133号的杰奥R. D. 海耶斯的电话号码是661-7175

位于迪普·戈赫路43号的格温·海耶斯的电话号码是531-4228

位于帕尔默山路296号的小霍华德·O. 海耶斯博士的电话号码是637-8993

位于帕尔默山路296号的海耶斯—儿童电话号码是637-0848

位于博林路10号的J. 布莱恩·海耶斯三世的电话号码是629-2331

位于德鲁伊街34号的J. R. 海耶斯的电话号码是637-1766

位于文瑞德街的约翰·F. 海耶斯的电话号码是661-7187

位于前途街91号的约翰·I. 海耶斯的电话号码是868-1391

位于布什大街50号的约瑟夫·L. 海耶斯三世的电话号码是868-1995

位于欧伍瑞克街141号的小乔斯·L. 海耶斯的电话号码是661-9283

位于舍伍德路32号的小约瑟夫·L. 海耶斯房地产公司的电话号码是868-6800

位于廷克路的约瑟夫·S. 海耶斯的电话号码是868-2892

位于舍伍德街32号的约瑟芬·C. 海耶斯房地产公司的电话号码是868-6800

位于亨利171号的K&R. 海耶斯的电话号码是531-5061

位于泰康利路182号的K·R. 海耶斯的电话号码是868-8376

位于场点路100号的凯伦·L. 海耶斯律师的电话号码是868-3800

位于肉豆蔻街40号的基思·海耶斯的电话号码是531-1941

位于列克星墩大街16号的肯恩·海耶斯的电话号码是625-9443

位于赖定思·罗克旧街44号的林肯·A. 海耶斯的电话号码是627-1687

位于费里斯街5号的卢·海耶斯的电话号码是698-0870

位于斯丹威治路6号的M. V. V. 海耶斯的电话号码是661-6856

位于金1165号的马乔里·海耶斯的电话号码是531-6025

位于珀尔·皮特贾斯特的11号的马丁·海耶斯的电话号码是939-9307

位于菲尔德·皮特路155号的菲利普·海耶斯的电话号码是629-2341

位于格里格2号的菲利普·J. 海耶斯的电话号码是625-0671

位于场点路140号的R. E. 海耶斯的电话号码是661-3383

位于亨利171号的R & K. 海耶斯的电话号码是531-5061

位于西斯尔路6号的理查德·A. 海耶斯的电话号码是531-8570

位于前途街西15号的罗杰·J. 海耶斯的电话号码是531-7282

位于公馆路184号的小斯汤顿·海耶斯的电话号码868-9198

位于湖街795号的悉尼·M. 海耶斯的电话号码是868-4286

位于沃特路南205号的托·R. 海耶斯的电话号码是531-6233

翻到第205页并检查你的答案。如果做这个练习花了三分钟或更短的时间，那么你的扫读速度相当不错。如果十个问题你答对了九个或是满分，那么你的准确率就很高。如果花的时间长，或者回答少有正确的，你需要注意你扫读的速度或准确性。

跳读

跳读是指跳过一些内容不读。当阅读时，无论何时只要意识到你所读的是不必要的、重复的或是补白，你就可以跳过去不读。有经验的读者能准确地知道什么时候跳过不读是安全和可取的。

跳读是一种选择性的阅读方式。跳读的关键在于所读的内容，不是跳过不读的部分。你经常面对的很多材料都可能与阅读目的无关。你可以跳读，如果：

- 没有什么新东西。

- 没有涵盖你所需要的。

- 太难了。

如果你在报纸、网站、杂志上所读的材料不同，但都是关于同一个话题的，那么，很有可能得到的信息是相同的，只是呈现的方式不同。例如，几乎每一本有关怀孕的书和文章都会提到叶酸的重要性。如果这信息你已经知道，你可以跳过它或再读一遍以巩固你从阅读中获得的知识。预览或略读也可以帮助你快速找到你可以跳过的部分。

学会如何有效地略读、扫读或跳读，你需要考虑以下几点：

1. 明确阅读目的。 记住，不知道为什么在路上，会浪费时间，迷失自我，从而感到沮丧。

2. 预览所读的内容。 预览给你提供背景知识从而判断是否值得花时间来读，同时帮你明确阅读目的。

3. 克服你对内容遗漏的恐惧。 一生中有足够多的阅读材料来供你阅读，而你的任务是快速地找到最有价值的内容。

阅读训练八：一目十行练习

又是测试你的"引擎"的时候了，只花五分钟或更短的时间。记住，要先预览。

在接下来的阅读练习中，尝试所学到的一些内容，并试着使用关键词、意群、关键意群法或加速器。为持续成功的阅读保证一个良好的环境。

1. **预览文章。**给自己定时（最多30秒），来快速阅读引言，段落首句以及要回答的问题。

2. **计时。**现在尝试一下要读完下面这篇《书籍加入电子浪潮》文章需要多久。将总时间以分秒计写入文章后面的空格处。

书籍加入电子浪潮

约翰·D.惠特曼

今天，我读了一本书，但书籍并不存在。

嗯，有文本，却没有这本书。你看，我有一个被称为个人数码助理的掌上电脑，或简称PDA的电子设备。它不仅能为我记录下通讯录，还能提供许多其他的功能。例如它有存储器，具有存储书籍的功能，而且不只是微型书。这个小到能够放在衬衣口袋里的电子设备可以容纳莎士比亚全集、查尔斯·狄更斯的小说或者圣经。现在，你可以把《李尔王》装进你的手提箱，也能把《匹克威克外传》放进你的钱包里。

由于我并不懂电脑技术，所以对于"电子书"，我的第一反应和大家是一样的："众所周知，这必定是文明的终结"。我对它很反感，因此，我决定试一试电子书到底有多讨厌，我下载了弗·司各特·菲茨杰拉德的经典小说《了不起的盖茨比》。

我很快发现，我的想法是错误的：电子书实际上是一个很棒的阅读工具。事实上，它们提醒我：文字的意义比印刷更重要。你看，我们所说的"写作"始于口口相传的传统，在书面语言出现之前，故事便以口头的方式代代相传。在西方文化中，直到希腊人从腓尼基人那里学习了文字，故事才被记录在纸莎草上，呃，纸上。事实上，荷马的作品是从口头文化到书面文化过渡的标志，但这些早期的"书"强调文字本身，而不是用什么书写的媒介。

印刷机发明之前，手写的书籍是非常稀有的，因此它们本身就有很高的价值。僧侣们创作了许多早期的书籍作品，为这些书籍付出了很多的心血，我们称他们的作品为"照明的手稿"，因为每一页就像是绚丽夺目的艺术品一样。甚至今天，当书籍被快速、廉价地印刷时，它们仍受到人们的崇敬。

然而，事实上，我们敬畏的是思想和语言，而不是书本身。用掌上电脑阅读菲茨杰拉德的经典小说，就如同这些文字是油墨印刷的一样，我同样被他的思想和见解强烈地震撼。正如荷马的《奥德赛》超越了写在卷轴上的其他作品一样，作品是否伟大与电子还是纸质无关。文本是用油墨还是乙醚的；是印刷的还是数字的，都无关紧要；优秀的作品才会产生良好的阅读。

（约810字）

✎ 此处写下你的阅读时间：_____分_____秒

3. 阅读理解。请不要回读，立刻尽力回答下述问题。估计一下自己答对的题数并将数字填入下面空白处。

回答以下问题是正确（T）、错误（F），还是未提及（N）。

_____ 1. PDA 是指专业数码助理掌上电脑。

_____ 2. PDA可以存储地址。

_____ 3. 只有懂电脑技术的专业人员才能享受阅读电子书带来的乐趣。

_____ 4. 如果原始文稿是硬皮书，电子书屏幕更易阅读。

_____ 5. 本文作者曾试着用他的掌上电脑阅读小说。

_____ 6. 当书以电子版的形式出版，语言就丧失了它的魅力。

_____ 7. 在印刷机出现之前，僧侣手写的书被称为"照明的手稿"。

_____ 8. 电子书比印刷的书要便宜。

_____ 9. 电子书只提供经典的小说。

_____ 10. 我们敬畏的不是书本身，而是思想和语言。

现在，预计下这十个问题中你做对的个数：_____

4. 检查答案。翻到205页查看答案。如果有做错的，写上正确答案，再回到原文中，弄明白自己为什么会做错。

5. 计算理解力百分比。将自己做对的题目总数乘以10，得出的数字写到207页的个人进度表中。

6. 计算自己的每分钟阅读字数。看下你的阅读时间，并将秒数四舍五入。然后借助208页的阅读分钟数查看表算出每分钟阅读的字数，将其写入个人进度表中。

7. 记录阅读训练分数。回到个人进度表，确定已经记录下每分钟阅读字数，理解力百分比以及做练习的日期。如果记录其他细节，比如，阅读时间、其他事务以及采用的阅读策略等，也会很有用。

在电脑屏幕上阅读

对赛车手，以及一般司机而言，在不熟悉的地方或是地形都要开得慢一点。

对读者来说，在陌生或不太理想的电脑屏幕上阅读也是如此。任何在电脑屏幕上阅读过的人都直观地知道这与在纸上阅读是不一样的。

研究表明，人们在屏幕上阅读时的速度会降低30%。所以，如果在纸上你的阅读速度平均是每分钟250个字，那么在屏幕上你的阅读速度可能下降到每分钟175个字。同时，在电脑屏幕上阅读时，理解、专注和记忆也会减弱。经多伦多大学心理学系保罗·缪特的广泛研究，在电脑屏幕上阅读和纸上阅读有24项不同之处，其中的一些不同解释了可能导致阅读速度下降的原因，包括：

- 阅读材料和读者之间的距离。
- 屏幕分辨率。
- 每行字符。
- 向左对齐与两边对齐。
- 边缘宽度。
- 读者的姿势。
- 对媒介的熟悉。
- 系统响应时间。

这些差异也解释了为什么人们宁愿打印出厚厚的纸质文件。普华会计师事务所是一个会计与商业公司，最近进行了一次研究跟踪自开始使用电子邮件以来办公室的纸张消耗量，结果发现纸张的使用增加了40%。我把增长的部分原因归咎为与电脑屏幕阅读相比，纸质阅读的阅读速度和整体舒适度更好。

然而，你将不得不适应屏幕阅读，因为技术已发展到此。研究员、屏幕速读专家帕姆·马伦认为，适应计算机时代阅读的最好方法就是更少地依赖印刷在纸上的材料，并且练习在屏幕上进行阅读。

为了帮助人们改善屏幕阅读舒适度，马伦建议通过改变字体的大小和风格，对你的屏幕阅读能力产生积极的影响。至于文本清晰度，她建议采用灯芯体如Arial、Verdana和Helvetica。字体大小不应小于12号，但不要超过18号，但马伦鼓励个人尝试不同的样式和大小以确定个人喜好。

许多已经讨论过的纸质阅读技巧也可以应用在屏幕阅读上。阅读策略如阅读关键词、意群和关键意群也能帮助你提高屏幕阅读速度。纸质阅读时采用的目的和任务技巧也同样适用于屏幕阅读。有时，预览是可以的，也可以选择略读、扫读和跳读。

简单地运用跳读技巧管理你的电子邮件。例如，不用打开电子邮件，你就能从邮件的主题中知道哪些是垃圾邮件，并立即删除它，从而减少不必要的阅读。不巧的是，加速器法、手指移动法和卡片法统统都用不上。随着越来越多的信息可在电脑上而不是在纸上获得，因此需要运用尽可能多的窍门和技巧来提高你的电脑阅读能力。

阅读加速器：蛇形移动手指法

蛇形移动手指法类似于第五章减速阅读。特别适用于窄栏材料。在杂志、报纸，或这本书中选择一个页面来尝试。将其水平放置，不要用手举起来。用左手或者右手食指放到文本第一行下面栏的中间。首先熟悉动作，假装手指是条蛇，然后向下滑动食指，以S 形移动手指，先从右边开始，再移到左边，再回到右边，以此类推。不要每一行都以之字形移动手指，而是每次从一边到另一边多行地向下移动手指。最后你会发现一次能读不止一行。

检验你的态度

我们来做个态度检测，填写下句空白处。

我是个＿＿＿＿＿＿＿＿＿＿的阅读者。

你的阅读态度改变了吗？

重要提示：提高眼球在屏幕的移动速度

有几个电脑程序可以帮助你学习如何提高眼球在纸上与屏幕上阅读时移动速度。我建议使用AceReader。AceReader软件是价廉且能兼容个人电脑和Mac电脑。下载该软件后，粘贴在自己的文本中或使用已经下载的二百篇阅读材料进行练习，控制阅读速度和文字难易程度。你可以通过登录www.acereader.com联系软件程序开发公司StepWare，下载一个三十天的试用版本。你也可登录www.readfaster.com，浏览读写公司的一个名为"读者前沿"的程序（The Reader's Edge）。

很多人都害怕速读专业资料。第九章关注的是如何构建背景知识和词汇，从而更容易地阅读和理解专业材料。

9

如何阅读专业文章

提升专业性阅读水平，
打造以一敌百的竞争力。

赛车比赛是在椭圆轨道或公路上进行的。在椭圆轨道上赛车更容易些，因为椭圆轨道的宽度适合不同类型的车，从一个拐弯到下一个拐弯的距离是可预测的，车手对何时提速或减速心中有数。

而在公路上赛车更具挑战性，因为它们没有特定的形状，也不像椭圆轨道那样有足够的空间，一次只有一辆车可以拐过街角，并且拐弯更多更急，不可预测。在比赛中，车手要有足够的耐心，了解下面会出现什么情况，并经常踩刹车踏板。可想而知，由于缺乏赛车经验及专业知识，相比在椭圆轨道上比赛，新手需要花更长的时间来学习如何在公路上赛车。

阅读与此类似，"椭圆形跑道"是可预测的、熟悉的材料。很多的专业资料就是不可预见并且陌生的材料，可被比作"公路跑道"。

专业材料为什么读起来那么难？

专业技术阅读材料是什么意思？这取决于读者。虽然我是名高效的读者，但让我坐在一位医学研究人员的旁边阅读专业、复杂的医药研究报告，这位研究人员会比我读得更快，理解得更好。这是因为他在该领域有广泛的背景知识，熟悉该研究的大体方向，词汇量更广泛。

专业技术阅读材料是带有你不知道的陌生词汇、术语、数字或统计数，或是带有全新信息的材料。例如一份说明如何操作一个新软件程序的计算机操作手册，或者一份介绍经济状况的报告，或是一项对公司长远发展计划所做的可行性研究。

你所读到的材料有多少确实是这么专业的？我敢说，你所认为的专业技术材料到目前为止并不是真正意义的"专业"，这是由你的职业和兴趣所决定的。你需要花时间研究、学习和来应用的信息，而不仅是获得一个想法。为了在新旧信息间架起知识的桥梁，阅读需要更多的时间并且要有意识地使用积极的阅读策略。任何经验或知识都可降低阅读材料的专业性。

我的许多学员告诉我，他们不适应快速阅读专业技术材料，这是很正常的。当你读真正的专业技术材料时，你不熟悉其内容并且很有可能是为了一次考试或是与工作有关的重要项目而不得不去学习它。和阅读熟悉的材料一样快地阅读这样的材料是不现实的，在某种意义上，也是不明智的。

然而，你可以更有效地阅读和理解专业技术材料。这意味着使用积极的阅读策略，尽可能快地获得你所需要的内容。最后，在更短的时间内，对材料有更好的理解。虽然相比理解别的材料，你对专业技术材料的阅读不得不更慢，但是你可以使用一些策略来帮助你不仅读得更快，扩大背景知识和词汇，而且帮助你避免了多次阅读的麻烦。

理解的十字路口

理解专业技术材料是具有挑战性的，别让任何人影响到你的看法。

就像为了准备考试而学习时，目的不单单是理解而且要实际运用这些知识。到目前为止，由于你缺乏对信息处理的经验，你可能还没感到有足够的信心或能力来读专业的材料。

记住，以下几点可以提高你对任何材料的理解，包括专业技术的材料：

- 根据你的阅读目的和任务来选择和理解你所要读的。
- 根据你的阅读目的和任务来记住并回忆相应的内容。
- 新信息与现有知识的衔接。

对材料的理解并不意味着因为某一天你可能需要它而被动地记忆。请记住，记住信息仅仅是把它保存在短期记忆里。因此，对材料的理解并不意味着你每个字都读，而是意味着你必须运用积极的阅读策略，使之发挥比以往任何时候都更重要的作用。

理解类型

理解有三种层面：

1. 字面上

2. 解释上

3. 运用上

以 "I'm so hungry I could eat a horse." 这句话为例。如果你是字面上理解了，你会认为 "我很饿以至于能吃一匹马"。如果解释这句话，你会明白，我只是 "真的饿了"。如果要运用这句话，你可能问我想吃点什么。

小孩子通常只有字面上的理解水平。随着他们年龄的增长以及经验的积累，他们自己会逐渐地理解解释层面和应用层面上的意思。

另一个理解层面的例子与学生的学习水平相关。学习一门外语（或任何其他学科）时，从基础——词汇学起。首先，按照字面意思，记住这个词和它的意思。一旦学会了基本的单词，就可以学句子和段落，并知道单词是如何组合在一起形成意义的。最后，当你更熟练地运用这门语言时，就会被要求在与人交谈或写更长的文章或论文时，运用你的词汇量和造词造句的能力。

你可以运用专业材料，问自己这样的问题，"所以这个观点真正的意义是什么？"或者"这是如何影响其他方面的？"或"我可以采取什么方式使用这一点？"通过发现可能的途径来运用或使用这些信息从而把你的知识发挥到最高水平。

阅读训练九：读懂专业性文章

在接下来的阅读练习中，尝试你所学到的一些内容，并试着使用关键词、意群、重点意群法或加速器。为持续成功的阅读保证一个良好的环境。

1. 预览文章。给自己定时（最多30秒）来快速阅读引言，段落首句以及你要回答的问题。

2. 计时。现在尝试一下要读完下面这篇文章《词的演变》需要多久。将你的总时间以分秒计写入文章后面的空格处。

词的演变

约翰·D. 惠特曼

有两类单词，每个人都能认出来：过时词语与现代词语。

过时词语的意思在现今可能变得模糊或改变；而现代词语是对每个人都有意义的词。例如，我们都知道什么是"美元"，但如果你谈论"达克特"，一种几个世纪以前才使用的货币，那么只有历史学家才可能知道。

但是还有第三类词：过时词语原来的意义已经被更多现代的定义所代替。例如，假设你开车去当地的健身房锻炼身体，你希望能锻炼出就像搓衣板一样结实的腹肌来，而在路上你遇到一个坑洞挡路。你可以给"健身房""搓衣板"和"坑洞"下定义，但是你给的定义很有可能非常不同于这些词原来的意义——所有这些单词都与手动打字机一样的古老。例如，当你知道在健身房锻炼最早的传统是你必须裸体时，你可能感到惊讶，因为英语单词"体操运动员"（gymnast）字面上的意思就是"裸体的人"。古希腊人喜欢这种方式。很少有人真的拥有像搓衣板一样结实的腹肌，而真的用搓衣板洗衣服的人就更少了。过去，在洗衣机发明之前，人们使用有棱纹的木板来擦洗衣服。

坑洞最初指老式炉灶上面的洞。当你想煮点什么，你把炉盖拿开，把锅放在炉洞上，火就能直接烧到锅。

下面这几个词似乎对你来说并不陌生，但是实际上是经过很多年进化而来的。在这个数字时代，大多数手机是按键的，但我们仍然使用"拨号"这个词，这个词来自于老式电话上面带手指洞的圆形拨键盘。甚至专家们称大多数的互联网无线集线器端为"拨号服务器"，尽管不再有人需要拨号上网了。

你是把电脑存放在哪。如果你把你的电脑放在一个的普通的被称为"办公柜"（the office armoire）的家具里，那么你正把你的笔记本电脑存放在你祖先存放剑的地方。"大衣柜"（armoire）是法语单词"军械库"的意思。

我们一定会继续使用过时词汇，因为它们的含义是我们所熟悉的，用起来很顺手，只不过我们把它们运用在新的语境当中。所以，当你在信息高速公路上浏览网页时，记住，需要留意漏洞（"漏洞"来自英语单词"potholes"意为：坑洞）。

（约790字）

✎ 此处写下你的阅读时间：_____ 分 _____ 秒

3. 阅读理解。请不要回读，立刻尽力回答下述问题。估计一下自己答对的题数并将数字填入下面空白处。

回答以下问题是正确（T）、错误（F），还是未提及（N）。

_____ 1. 有两类单词，每个人都能认出来：过时词语与现代词语。

_____ 2. "达克特"这个词是个新术语。

_____ 3. 在古希腊，在健身房里健身是不允许裸体的。

_____ 4. 在多数的路面上都有坑洞。

_____ 5. 搓衣板在健身房里被用作清洗被弄脏的毛巾。

_____ 6. 把锅放在炉洞上，火就能被熄灭。

_____ 7. 我们在词汇中仍保留"拨号"这个词是因为我们仍使用上面带圆形拨键盘的老式电话。

_____ 8. "大衣柜"（armoire）是来自法语单词，指的是军械库。

_____ 9. 我们很可能继续把旧词发展出新的意思来。

_____ 10. 我们坚持使用过时词汇是因为我们不想花费精力去创造新的术语。

现在，预计下这十个问题中你做得正确的个数：_____

4. 检查答案。 翻到205页查看答案。如果有做错的，写上正确答案，再回到原文中，弄明白自己为什么会做错。

5. 计算理解力百分比。 将自己做对的题目总数乘以10，得出的数字写到207页的个人进度表中。

6. 计算每分钟阅读字数。 看下你的阅读时间，并将秒数四舍五入。然后借助208页的阅读分钟数查看表算出每分钟阅读的字数，将其写入个人进度表中。

7. 记录阅读训练分数。 回到个人进度表，确定已经记录下每分钟阅读字数、理解力百分比以及做练习的日期。如果记录其他细节，比如，阅读时间、其他事务以及采用的阅读策略等，也会很有用。

获取更多背景知识

不管是在同一个公司或是在不同的机构中，开始做一项新工作的员工，当阅读公司的材料时，有时会感觉自己好像身处异地。这是因为他们缺乏该组织的政策、流程、缩略词和常用语等相关背景知识，因而，平均前六个月里，阅读专业资料是一个挑战。经过这段时间之后，员工们增长了经验，掌握了背景知识，从而使阅读变得高效和顺畅。

如果由于缺乏了解，专业材料被认为是难读懂的，那么找到构建背景知识的方法使你的阅读变得更高效并且也更有意义。下面的许多建议你可能并不陌生。

- **预览**。再读一次第五章的内容，让预览（第五章）来帮忙。预览之后，即使是最不熟悉的文本也没有那么难了。在你细读文章前所做的预览是了解文章布局、大概内容，以及作者观点的好方法。

- **熟悉陌生的术语**。预览可帮助你识别对你来说十分陌生的单词或首字母缩略词。如果你正在阅读一本教科书，你经常发现，在页边空白处，或在一个章节的首/尾处列表里，词表的单词被印刷成黑体。在商业书籍中，当你用眼睛向下略读段落时，相信你总会发现陌生词。在你细读之前，花时间找出甚至写下这些术语的含义，你就逐渐开始理解所读的内容，并且这也是学习这些词语的过程。

- **寻找"5W加H"**。不要从头读到尾来发现所读材料的内容，而是采用积极的方法来寻找"5W加H"的答案——何人（who）、何事（what）、何时（when）、何地（where）、为什么（why），以及如何（how）。很多时候，仅仅找到这些问题的答案就已足够了。同时，这些答案也帮助你快速发现陌生术语词汇、相关例子及相关的观点。

- **调整速读策略**。不要仅仅因为阅读材料的专业性很强，就放弃所有速读策略而回到以前逐字阅读的老路。你仍然可以使用关键词、意群、关键意群，或加速器的方法，但速度可以慢一点。所有的这些策略是非常有用的，用来识别更为重要的词或短语，从而构建理解力，以帮助你在未知领域保持自己的阅读能力。

- **回顾**。随着时间的推移，需要通过重复阅读来保持长时记忆。如果你的目标是使材料成为长时记忆，永久背景知识的一部分，你必须多次接触该信息。在已经预览并细读完之后，最好在短时间内回顾一下。回顾遵循的过程与预览相同，但是回顾的目的不是向你介绍材料，而是复习或巩固所知道的。同时，发现你仍不知道的信息。

回顾的方式有以下几种：

- 讨论材料。

- 阅读有关的其他材料。

- 运用信息。

- 与他人分享信息。

- 听相关的录音。

- 看相关的视频或新闻广播。

- 参加一门相关的培训课程。

如果你临时突击学校的考试，学到考试的前一天晚上，你可能可以应付考试，但下周就忘记了大部分的内容。如果你得在另一个课程里再次运用它，或想要永久地记住这些信息，那试试下面这些建议。

词汇量的重要性

当你遇到一个不认识的单词，你会怎么做？可以立即查字典或者直接跳过去。还有的人使用"活字典"，就是去问别人是否知道单词的意思。有些人试着利用上下文线索猜词的意思。而有些人试着把这个词读出声来看看那样是否使他们回想起来这个单词的意思。少数人使用单词构成法如前缀、后缀以及词根所提供的线索来确定它的意思。

知道的单词越多，你就越容易提高阅读速度并且理解得好。当工作室的学员或客户问我，参加我工作室的学员年龄最小是多大？我说是七年级。早于七年级的学生没有足够的已知词汇构建他们的背景知识，以使速读成为可能。同样，可通过使用类似本书采用的十个问题来判断其理解水平，如果一个人理解的平均水平始终低于70%，那么就被认为属于词汇贫乏。

在我的课程中，经常会有英语是第二语言的学员。提高他们的阅读速度并保持相同的或更好的理解力，这完全取决于他们英语词汇的广度。此外，当这些学员学习如何阅读关键词或文章的思想，而不是把阅读英语文章当成一次处理一个乏味单词时，他们会开心地松了一口气。

新东西的学习需要时间，当然也包括生词的学习。当你以已知的单词为基础丰富你的词汇时，这就变得更简单。请回想一下"阅读第二章"所讲的"脑胶"部分。让我们看看每个策略的利弊。

跳过生词

跳过不熟悉的单词有时可以更好地利用你的时间。如果这个词看似对所读的不重要或不知道该词的意思也不影响你的理解，那么就没有必要浪费时间去知道它的意思。然而，如果你在积极地丰富词汇量，那么把这个单词和它的定义记在专门搜集生词的地方，也是个不错的主意。

使用字典

如果你只看一遍就能把该词和它的含义记住，那么使用字典就是学习新词的好方法。我认为最好是把字典看作一个确认工具，来检验你所想的这个词的意思是否是正确的。当所有的方法都无效时，这意味着没有其他自我解决的方法，那么，当然是使用字典。

为了把使用字典查单词的机械过程变得更有意义，把词条与其定义写在一个单独的笔记本上，并时不时地回顾一下是个好主意。在对话中，有意识地使用这些词。通过不断地接触这些词语你就能将它们印在你的背景知识里。

试着先用你的大脑，而不是先去查字典。如果能一下子自己猜出字词的意思，就不用查词典弄明白它的意思。

阅读加速器：大拇指法

有两种使用定速装置的方法，称为"大拇指法"。选择一本杂志、报纸或本书的一个页面来尝试。一定要把书平放，不要用手竖着举起来。

第一个方法是"大拇指向下"，另一方法是"大拇指横过"。首先把手摆个大拇指向下的动作，你想要用哪只手来读，你就把这只手在面前轻轻握拳，然后做一个大拇指向下的手势。把拇指朝下的手放在你所要读的栏中间，指向该栏的中心。开始阅读，眼睛在每一行只停顿两到三次，一次尽可能看得更多。记住要使用关键词、意群或意群短语法来帮你读得更快。当你越来越习惯于这样做时，可以试着快些移动拇指。

"大拇指横过"法开始与"大拇指向下"法一样，把你的左或右手握成拳，再把拇指伸出来，横着放在你要开始阅读的那一行。手腕与大拇指尖大致在一条直线上，把你已读过的话盖住，留出你要读的。这非常类似于空白卡片法。因此，如果你想要使用空白卡法，但又没有卡片时，就可以就地取材利用自己的手腕和大拇指。

检验你的态度

我们来做个态度检测，填写在下句空白处。

我是个＿＿＿＿＿＿＿＿＿的阅读者。

你的阅读态度改变了吗？

重要提示：读万卷书，行万里路

寻找不同的方式来体验这个世界。你经历得越多，拥有的背景知识就越多。而这又反过来帮助你读得更快，理解得更好。计划去一个你从未去过的地方度假；读一些通常不感兴趣的书；看一些自己一般不看的电视节目；与各种各样的人交流，接触他们的背景知识；学习新的技能、参加一门课程等等。唯一限制你丰富你的背景知识的，就是你探索新领域的意愿。

在第十章，你将对自己的进度进行评估，检验你的阅读速度和习惯。此外，你将获得最后一个提高你的阅读速度的技巧。

CHAPTER

10

如鱼得水：
成为一个阅读高手

如何应对瞬息万变、对个人技能要求越来越高的外界？
大量阅读与刻意练习。

看！正在挥舞的白旗，离比赛结束就只剩一圈了。

这是你朝终点线最后的冲刺了。当你完成比赛时，拍拍自己的肩膀，给自己一个大大的表扬，因为你终于可以做到更快阅读了。你读了本书，尝试过新的策略，为自己计时阅读，以及收集有用的信息从而把自己的阅读量控制得更好。然而，你的赛车事业，还远未结束。它才刚刚开始。

作为本书的读者和学生，你所接受的训练类似于赛车手。今天将正式完成你的训练，但要成为真正熟练的"车手"，需要在自己的世界里不断地尝试使用不同的阅读策略，经过反复尝试，找到最适合你自己的。如果你听过励志演说家如托尼·罗宾斯或金克拉，或销售大师如汤姆·霍普金斯或布莱恩·崔西，你就知道他们全都着重强调日常阅读的重要性。布莱恩·崔西说如果每天有一小时上下班的路程，并在上下班的路上聆听教学或励志的录音，六个月以后，你可以学到一个学期的材料。我听其他的专家说，如果每天读半个小时的书，连续读上两年，或每天一个小时连续读上一年，就能成为任何你感兴趣话题的权威。他们认为如果想在某个领域里获得成功，阅读是至关重要的。让我们假设他们指的是未经训练的一般读者，而你不同，你是学过快速阅读的读者。

需要提醒你记住的是，**你的过去不能预测你的未来**。如果你以前总是读得很慢，这并不意味着你整个一生都读得很慢——除非你选择这样做。在开始读这本书之前，你没有太多的选择，但是现在你有了。现在你知道什么使快速阅读变成事实——如果你选择性地阅读，实践本书的策略，并把它们融入你的世界里，你就可以成为一个更快地、更高效的读者。

阅读，是为了生存

有一件事是肯定的，而且比以往任何时候都肯定：改变是持续不断的，技术创新走在这一改变的最前沿。科技的发展，尤其是互联网技术，正在改变着世界的经济，迫使你不断理顺、重塑和调整自己的工作。你怎么才能得到帮助以应对这种变化呢？通过阅读。

雇主要求你不断地学习新技能，但很少提供学习新技能所需的培训或时间。（不久的）未来，失业的人员将是那些不会学，或者不学习的人，尽管有学习资源可利用。你从哪里学会这些技能呢？通过阅读。

必须意识并接受这个现实，科技的飞速发展会影响你，即使你希望它不会。主动应对这种变化比被动反应要强得多。你怎么才能变得积极主动并适应不断变化的科技呢？通过阅读。

与他人有效地沟通和合作的能力也随着工作团队的出现而成为职场中必不可少的素质。怎么才能学会应对不同的性格以及人际关系的问题？通过阅读。

通过阅读获得的信息为你提供了助你解决问题、应对变化、学习新技能的选择，而最重要的是，帮助你更好地了解你生活的这个世界。

不像参加一门课程，你是根据自己的时间表来阅读的。选择你所要读的并决定哪些部分要跳过或哪些部分要花时间读。材料就在那里，如果需要，可以随时回来查询。什么都由你决定。当选择阅读时，世界真的就在你的指尖。

"其他"阅读材料

你已经知道你已经堆积了很多未阅读的材料。但还有"其他"你已经看过的材料，你可能认为它不是阅读材料，要么是因为它不会成为你应阅读的材料，要么因为它如同普通邮件或电子邮件一样，收到后你仅仅是处理一下而已。这些材料给你提供了更多机会来运用你新学到的阅读技巧以及本书提供的一些小秘诀。这里是你可能阅读的其他材料示例：

在家里

- 业主手册或电子手册
- 信用卡使用说明
- 产品保修书
- 会员应用软件
- 纳税申报表
- 学校申请
- 玩具或家具组装的说明
- 保险单

- 金融单据

在工作中

- 提案

- 病历

- 法律文件

- 公司简介

- 报告

- 保险单

- 商业计划

- 简历

- 投诉信

- 备忘录

- 网络搜索

在学校

- 教科书

- 文学作品

- 阅读理解测试

- 图书馆与网络资料查找

- 参考资料

如果你曾经被送入医院治疗，你可能记得曾被要求在冗长但重要的表格和文件上签字。医务人员往往会这样处理，告诉你文件说的是什么，然后给你指出要签字的位置。大多数人没有读就签字了。由于你掌握了更快速的阅读技巧，现在你就可以快速阅读这些表格和其他的法律文件，确保你了解你所签署的文件。

管理阅读时间管理

自从你开始阅读训练以来，已经过去十天了。下面的部分将帮助你判断现在你在哪里。

1. 事实与数字。在第一章的第一次计时测验中，你评估自己每分钟的阅读字数和理解水平。第206页上你的个人进度表显示了你阅读成绩的进步。现在是时候做最后一次计时测验，以检验你的成绩了。翻到195页，进行第十次阅读训练。

- 什么似乎是有效的？

- 适合你的阅读策略是什么？

- 你想使什么变得更顺畅？

2. 效率。你可以在第二章的"低效阅读与高效阅读的指标清单"上评估自己。现在返回到该表（第32页），请用不同颜色的笔，根据现在的情况重新再填一次。在高效组这边，你打钩的地方比以前的多吗？如果是，你做什么来达到这个目的的？如果不是，是什么妨碍了你？请记住成为高效的读者是一个过程，不是一次性的事情。在这一过程中，任何进展都是朝着正确方向迈出的一步。

3. 态度。从第一章起，在本书中的每一章，你都被要求检验你的态度。现在是最后一次重新评估你的态度：

我是个_____的阅读者。

你对自己的用词比一开始时更积极、更胜任和更自信了吗？如果是这样，是什么让你这样想？如果不是，是什么阻止你有积极的感受或想法？如果你只看了几章或不做任何练习，花点时间去做它们。对你新发现的潜力没有把握是常见的；而自信是伴随着经验而来的。

你的记录是什么

无论你是去上课还是开会，还是进行听觉训练、阅读非虚构类书，或是参加任何学习论坛，都要一直不停地寻找你可以从中汲取的有益的思想或行为。否则，你是在浪费时间。当我参加会议、培训或专业会议时，我不仅列出带走的东西，而且我有时也会列出值得记录和收藏或待办的事项。读过本书之后，你打算要带走什么或准备做什么？

下面是你在读完本书后，可以做的一系列的合理阅读计划。可分为以下三个方面：阅读意识、阅读与时间管理、阅读策略。需要花十分钟或更短的时间来完成这个练习。

1. 完整地查看下面所列的每一项。

2. 确定并选出想要专心去做的选项。也可以把它们单独写在一张纸上。随时调整或加入自己的想法。

3. 制订一个阅读计划，然后随后的三个月或更长的时间里快速浏览和修改阅读计划。请用此列表作为修改指南。

阅读意识

□ 1. 我将接受自己是普通人，会犯一些常见的错误。

□ 2. 我将意识到眼球运动会参与到阅读过程当中。

□ 3. 我想让眼睛停留在文本中更重要的单词上面。

□ 4. 我要切记背景知识与阅读理解之间的关系。

□ 5. 我将在一个安静的、不受干扰的环境里阅读。

□ 6. 我不会一边听音乐一边阅读（除非是莫扎特或其他的古

典音乐）。

□ 7. 我总是在我开始阅读之前就知道我的目的和任务。

□ 8. 我不会一边看电视一边阅读有关工作或学习的材料。

□ 9. 我要坐在书桌或桌子旁阅读工作或学习材料。

□ 10. 我会不管在任何地方、任何时间，只要我想阅读就能阅读休闲材料。

□ 11. 我将重新检查我的照明设备，使之有利于眼睛的保护。

□ 12. 我将每两年去验光师那里检查一下我的眼睛。

□ 13. 我会在阅读前，意识并注意到来自自身心理和生理的干扰。

□ 14. 当我需要做大量阅读时，我将试着放松。

□ 15. 我将牢记略读与扫读的区别。

□ 16. 我能跳过信息不读，同时不感觉内疚。

□ 17. 我知道阅读速度的改变取决于我的目的和背景知识。

□ 18. 我将重新评估我认为的专业技术资料。

□ 19. 我就会更喜欢阅读。

□ 20. 我将：＿＿＿＿＿＿＿＿＿＿＿＿＿＿＿＿＿＿＿＿＿

阅读和时间管理

□ 1. 我将找时间来阅读。

□ 2. 当阅读时，我要抵制拿起手机的诱惑。

□ 3. 我要抵制检看正在传入的传真的诱惑。

□ 4. 我要抵制一有提示收到新电子邮件就去查收邮件的诱惑。

□ 5. 我总是随身携带阅读材料。

□ 6. 我将聆听有关个人或专业发展的音频。

□ 7. 我将通过短暂而频繁的休息来避免马拉松式的漫长阅读。

□ 8. 如果我遇到有用的信息，我将立即把它记在材料或笔记本上。

□ 9. 我将创建一个参考系统来记录重要、有用的阅读材料。

□ 10. 我将：_____

阅读策略

注意：可能某些问题有不止一个答案。

□ 1. 当我阅读时，我将通过_____减少做被动的白日梦。

    a. 读得更快。

    b. 读关键词、意群和关键意群。

    c. 使用加速器。

□ 2. 我将减少倒回去读自己刚读过的地方（回读），通过_____

    a. 读得更快。

    b. 读关键词、意群和关键意群。

    c. 使用加速器。

□ 3. 我将减少在脑子里说话（默读低语），通过_____

    a.　读得更快。

    b.　读关键词、意群和关键意群。

    c.　使用加速器。

□ 4. 当我阅读时，我把手指移到嘴唇上来阻止嘴唇默读。

□ 5. 我将自己选择有价值的阅读材料来读。

□ 6. 我会减少阅读材料的堆积，通过_____

    a. 使用"一月追踪系统"。

    b. 预览所有材料。

c. 把自己从毫无价值的收件人名单上删除。

d. 取消订阅。

e. 立即删除垃圾邮件。

f. 复制或剪切有趣的文章。

g. 限制买书的数量。

h. 使用高效的阅读技巧。

I. 我将：＿＿＿＿＿＿＿＿＿＿＿＿＿＿＿＿＿＿＿＿＿

☐ 7. 我将使用加速器来帮助我读得更快。

☐ 8. 我要抵制把电脑上的内容打印出来的诱惑。

☐ 9. 我将在电脑屏幕上做更多的阅读。

☐ 10. 只有当我认为需要再回头查阅时，我才记笔记。

☐ 11. 我将不断地质疑作者的观点。

☐ 12. 我知道我的观点、推论和偏见。

☐ 13. 我想成为一个活跃的、爱思考的、思维清晰的读者。

☐ 14. 我将：＿＿＿＿＿＿＿＿＿＿＿＿＿＿＿＿＿＿＿＿

阅读训练十：通过阅读了解历史

最后一次测试你的"引擎"了，只要五分钟或更短的时间。在接下来的阅读练习中，尝试你所学到的一些内容，并试着使用关键词、意群、重点意群或加速器。为持续成功的阅读保证一个良好的环境。

1. 预览文章。给自己定时（最多30秒）来快速阅读引言，段落首句以及你要回答的问题。

2. 计时。现在尝试一下要读完下面这篇文章《四月愚人节》需要多久。将你的总时间以分秒计写入文章后面的空格处。

四月愚人节

约翰·D. 惠特曼

美国幽默作家马克·吐温曾写道，"只有在四月的第一天，我们才记起在过去一年的364天中我们是多么的愚蠢"。当然，那天是愚人节。在那一天，学生可能告诉同学学校放假了，或者向脚上一指，说："你的鞋带松了！"精心设计的恶作剧包括支使上当的人去执行一件"傻瓜差使"然后发现这件差使并不存在。这种玩笑演变到现在，成为一个著名的恶作剧："蛇鲨狩猎"，即心知肚明的一群人派一个倒霉蛋到树林里去找一个并不存在的动物。

愚人节起源于哪里？几个世纪前，在欧洲文化中，人们在春天开始的时候庆祝新年。这个庆典通常在3月份临近春分时举行。由于春天是一个万物复苏的时节，这样的新年庆祝活动是有特殊意义的。

在1562年，教皇格雷戈里引入了现代日历并把新年的这一天改为1月1日，大多数欧洲人很愿意采用这一新的公历。然而，也有一些人不接受新历，更有甚者，那些忘记日期变动的人就被称为傻瓜。他们在旧历法新年这一天被邀请去参加假的聚会并被送假的新年礼。

在4月1日搞恶作剧的这一传统被保存了下来，虽然其最初的意思已被遗忘。在法国，4月1日被称为"四月的鱼"（"Poisson d'avril"）。法国学校的孩子们在伙伴们的背上偷偷贴上纸做的鱼来愚弄对方，当那个同学发现他们的恶作剧时，所有的小孩都齐声高喊"Poisson d'avril"，意思是"四月鱼"。

在墨西哥也一样有庆祝愚人节的点子，但是出于不同的原因，甚至也不在同一天。在墨西哥，12月28日是"El Dia de Los Inocentes"，基督徒在这一天哀悼被希律王屠杀的无辜的孩子。后来，这一庄严悲伤的日子演变成善意的诡计的纪念日。

在苏格兰，愚人节实际上持续两天。第二天是专门让人们去捉弄别人的。这第二天在某些方面上仍保留着我们最珍视的恶作剧的传统。如果你曾经在愚人节那天被别人在背上贴上"踢我"的标签，并因此被踢了好几脚，你要感谢苏格兰人出的好主意。

最棒的恶作剧是不会伤害任何人的，传递的是娱乐精神，他们通常甚至是受害者也都大笑着走开。

（约800字）

✎ 此处写下你的阅读时间：_____分_____秒

3. 阅读理解。请不要回读，尽量立即回答下面的句子。估计一下你认为是正确答案的数字，并把数字写在下面的空白处。

回答以下问题是正确（T）、错误（F），还是未提及（N）。

_____ 1. 当新年这一天改为公历的一月一号，那些在四月一号这一天继续庆祝新年的人们就被称为傻瓜。

_____ 2. 在以前的旧历上，愚人节标志着新年的开始。

_____ 3. 今天，孩子们参加愚人节的涂色比赛。

_____ 4. 在现代公历被引入之前，人们如果不在一月一号庆祝新年会被投进监狱。

_____ 5. 在法国，四月的傻瓜被称为"四月的鱼"。

_____ 6. 墨西哥在三月二十八号庆祝愚人节，只是在传统的四月一号之前。

_____ 7. 瑞典有两天来庆祝愚人节。

_____ 8. "踢我"标签恶作剧可以追溯至苏格兰。

_____ 9. 研究表明愚人节的恶作剧在未来会变得越来越没有恶意。

_____ 10. 愚人节始于16世纪。

现在，预计下这十个问题中你做得正确的个数：_____

4. 检查答案。翻到205页查看答案。如果有做错的，写上正确答案，再回到原文中，弄明白自己为什么会做错。

5. 计算理解力百分比。将自己做对的题目总数乘以10，得出的数字写到207页的个人进度表中。

6. 计算每分钟阅读字数。看下你的阅读时间，并将秒数四舍五入。然后借助208页的阅读分钟数查看表算出每分钟阅读的字数，将其写入个人进度表中。

7. 记录阅读训练分数。回到个人进度表，确定已经记录下每分钟阅读字数，理解力百分比以及做练习的日期。如果记录其他细节，比如，阅读时间、其他事务以及采用的阅读策略等，也会很有用。

关于休闲读物的几句话

休闲读物是你随心所欲地选择的，不是工作或学校所规定的。虽然许多人为了休闲而阅读非小说类书籍，但是更多的人会选择读小说。

这里是一些阅读小说时要牢记的提示。

1. 不要略读或预览。

2. 选择你自己的阅读速度。

3. 阅读任何你想读的。

4. 快进跳过无聊的部分。

5. 读对话或诗歌时要放慢速度，甚至逐字阅读以读懂其真正的内涵和表达方式。

快速理解：INCORP模型

INCORP模型可以帮助你和你的团队跟上你们所在领域的发展趋势，去除所读材料的冗余部分，激发创新协同与沟通，并且鼓励团队合作。使用这个模型并使它适合你们团队的工作方式。INCORP是 Identify，Network，Collect，Organize，Read，Process 六个英文单词首字母缩写：

● 确定你应该读的。（Identify）

● 与你所在领域的其他人建立关系网。看看别人在读什么，他们属于什么机构团体，他们收到的是什么出版物。把它们都列出来。然后决定哪一些是最充分地利用时间，且对你的职业发展是最有价值的。（Network）

● 收集材料，这会使你有新的订阅或取消重复以及没有价值的订阅。（Collect）

● 组织一个阅读小组，把材料分开读。如果有人喜欢阅读商业报纸但不喜欢专业期刊，那么就让他读报纸。轮流完成阅读任务使之有变化。（Organize）

● 阅读材料并及时寻找与业务相关的信息。了解一点团队成员的个人兴趣也是有用的，这样你就可以在心里和他们一起读。如果你知道一个队员在设计一个海滩的房子而你发现一个新建筑材料的信息，你就可以与他分享。（Read）

● 处理信息。决定每周，每两周或每月会面并讨论你的发现。你可以只复印文章，在小组的其他人当中轮流传阅这些文章。如果每个人都知道如何预览，文章将传得比较快。如果你在做阅读方面的研究，可通过列出所提供的信息：文章、来源、日期和简短的总结，把它们打印成稿。（Process）

如果你把这种模式付诸实践，你能在减少个人阅读量的同时还保持当前的理解力水平。

有些公司组织阅读小组，例如，把受欢迎的业务书籍分发给团队的每一个成员。每个周，通常是在周五，团队成员碰面一个小时，阅读并讨论这本书能如何影响他们的业务。这对于你自己事业的发展和公司朝既定的方向发展是多么的有意义。

阅读加速器：两手指摆动法

两手指摆动法是本书介绍的最先进的提速法。它的前提是你知道如何一眼就看到更多的信息，并且一次能轻松地阅读文本的两到三行。

选择一些材料来读。用左手或右手的食指和中指做V字形手势，然后把两根手指并在一起。把其他三根手指弯曲在手掌里。把两手指放在段落的第一行下面并且手指随着眼睛的移动经过这一行。当读到这行的结尾处时，两手指向下面的几行文本移动并开始读手指所在之处。试着不只是读你所指的这一行，这是有可能做到的。随着眼睛移动你的手指经过那行并再把手指朝下面几行移动。当阅读时，手是以"之"字形移动或摆动的。适应了这种方法之后，你可以读得更快。可用此法速读或预览，但注意避免让手指经过每一行，以免逐字逐词地阅读使阅读速度变慢。

重要提示：知识之路始于翻开书页的那一刻

在我的课程进入尾声时，我要告诉你们一个关于我的真实故事，是关于我何时、如何决定选择速读作为职业的。我在这里分享它是因为它传递着强大的正能量。

那是1988年的圣诞节，我还没有真正的职业方向。我通过打零工，比如当临时的代课老师和当服务员来勉强维持生计。我通过再就业咨询处了解我的长处以及何种职业适合我。在这段时间里，我也一直在思考关于开办培训业务来帮助疲于奔命的人们管理他们的阅读时间，但我并不确定这是否会成功。培训快速阅读的职业不可能出现在我所列的工作岗位上，因为它不是一项传统的工作。而且人们真的如我所想的那样需要更快的阅读吗？而且我能够帮助他们吗？

在放假期间，我感到沮丧，因为我只剩下非常少的钱，而且也没有明确的职业发展方向。我一边吃着中餐外卖一边与我的男朋友，现在的丈夫克里斯多夫讨论我当时的境况。我永远不会忘记他说的话，他说："宇宙给你安排了一个计划。你只需寻找征兆。一个显而易见的征兆，就如同有人告诉你答案一样，它可能隐藏在巧合当中，但可能这并非巧合。"我有些困惑地看着他，耸耸肩说，"好吧"。

我们快吃完饭的时候，他伸出手，手里握着四个运气饼干（一种多层的小甜饼，内藏一个纸条，上面印有祝福、交好运的幽默词句、谚语等）。我选了一个，像以往一样，暗暗地希望，它会给我带来好运。我掰开饼干，看上面的好运纸条。我瞪大了眼睛，吃惊得下巴都要掉下来了。我说，"我想我找到了我要找的，决定我是否从事这一行的征兆了。"纸条上写着：

知识之路始于翻开书页的那一刻。

因此，由于阅读本书的缘故，我希望你能够翻开更多页，这将指引你坚定地走向知识之路。

练习答案

阅读训练一：《一切为了阅读》

1. F, 2. T, 3. T, 4. T, 5. F, 6. N, 7. N, 8. F, 9. T, 10. T

阅读训练二：《与焦虑作战》

1. F, 2. T, 3. T, 4. N, 5. F, 6. T, 7. T, 8. N, 9. N, 10. T

阅读训练三：《真正的运动员》

1. T, 2. F, 3. N, 4. F, 5. F, 6. N, 7. F, 8. N, 9. N, 10. T

阅读训练四：《快速阅读简史》

没有阅读理解练习题

阅读训练五：预览第六章

1. T, 2. F, 3. F, 4. T, 5. N, 6. F, 7. N, 8. T, 9. F, 10. N

阅读训练六：《一切都是相对的》

1. F, 2. T, 3. F, 4. T, 5. F, 6. N, 7. T, 8. F, 9. N, 10. F

阅读训练七：《同命相连》

1. N, 2. T, 3. F, 4. F, 5. T, 6. F, 7. T, 8. F, 9. N, 10. T

第八章：扫读练习

1. 克劳德·H	2. 菲利普·J	3. 3个	4. 868-6800
5. R. E	6. K. R	7. 531-6233	
8. 西斯尔路6号	9. 约翰·I	10. 悉尼·M	

阅读训练八：《书籍加入电子浪潮》

1. F, 2. T, 3. F, 4. N, 5. T, 6. F, 7. T, 8. N, 9. F, 10. T

阅读训练九：《词的演变》

1. T, 2. F, 3. F, 4. N, 5. N, 6. F, 7. F, 8. T, 9. T, 10. F

阅读训练十：《四月愚人节》

1. T, 2. F, 3. N, 4. F, 5. T, 6. F, 7. N, 8. T, 9. N, 10. T

个人进度表

通过完成计时练习并填写该表来追踪你的进度，包括你做练习的日期、所读材料的标题、每分钟阅读的字数（WPM）、理解力百分比（正确答案的个数乘以10%）以及所采用的阅读策略。下面额外的空白处是用来发表感想或评论的，比如你是否对这篇文章感到有兴趣、分心、无聊、有挑战等。下面是一个示例：

填写范例：

日期 4/15/17	文章标题 《真正的运动员》	WPM 300	理解力百分比% 80%	所用策略 空白卡片法
评论：我很热爱运动，因此我对该文章的兴趣很浓。空白卡片的使用帮助我更好地集中注意力。				

日期	文章标题 《一切为了阅读》	WPM	理解力百分比%	所用策略
评论：				

日期	文章标题 《与焦虑作战》	WPM	理解力百分比%	所用策略
评论：				

日期	文章标题 《真正的运动员》	WPM	理解力百分比%	所用策略
评论：				

日期	文章标题《快速阅读简史》	WPM	所用策略
评论：			

日期	预览第六章	用时	理解力百分比%	所用策略
评论：				

日期	文章标题《一切都是相对的》	WPM	理解力百分比%	所用策略
评论：				

日期	文章标题《同命相连》	WPM	理解力百分比%	所用策略
评论：				

日期	文章标题《书籍加入电子浪潮》	WPM	理解力百分比%	所用策略
评论：				

日期	文章标题《词的演变》	WPM	理解力百分比%	所用策略
评论：				

日期	文章标题《四月愚人节》	WPM	理解力百分比%	所用策略
评论：				

阅读分钟数查看表

为了计算出每分钟阅读的字数，你需要将秒数换算成分钟数。

时间	分钟数	时间	分钟数	时间	分钟数
.10	0.17	1：30	1.5	2：50	2.83
.20	0.34	1：40	1.67	3：00	3
.30	0.5	1：50	1.83	3：10	3.17
.40	0.67	2：00	2	3：20	3.34
.50	0.83	2：10	2.17	3：30	3.5
1：00	1	2：20	2.34	3：40	3.67
1：10	1.17	2：30	2.5	3：50	3.83
1：20	1.34	2：40	2.67	4：00	4

致 谢

ACKNOWLEDGEMENTS

这本书能变成现实，离不开以下这些人的帮助与支持：

我的丈夫，克里斯，他容忍我早上早起，并在我提交前帮我审阅每一章。

我的孩子们，他们的幽默是我迫切所需的。

我的母亲，很早就教给我热爱阅读。以前我并没有意识到这一点，直到我度过了我的大学时代，我才意识到这是多么的重要。

克里斯托弗·李，他给我提供了令人难以置信的强大的有关赛车的规则与术语。

帕梅拉·马伦，在她的文章《快速阅读史》里提供了关于快速阅读的很多见解，她给予了我太多的宝贵建议，数不胜数。

路易斯·鲁姆斯是认知中心主任（康涅狄格州哈特福德），她贡献的是第六章中的关于《批判性阅读的九个原则》。

约翰·惠特曼的写作才华展示在很多计时阅读中。

乔妮·麦克弗森，感谢她把她的平面艺术技巧运用在纸书设计和电子书的格式设计上。

乔恩·考夫曼，他巧妙地重新输入整个手稿本的电子书版本，杰米·撒克逊和艾琳·库特尼可，在菲利普·利夫集团出版社工作的编辑，他们不厌其烦地解决了我的许多问题，并帮助我按时完成打印版稿件。

在阅读领域里举不胜举的作家和研究人员，他们的智慧和见解让我受益匪浅，并在书中与大家共享。

最后，我要感谢参加我工作室的学员们，他们问了很多问题，并一次又一次地证明我训练快速阅读的意义所在。

我的记录页

我的记录页

我的记录页

终身学习与认知升级经典系列

美国公认经典终身学习与认知升级经典系列

用学习连接一切，未来10年最有价值的认知升级与知识精进模式

《如何阅读：一个已被证实的低投入高回报的学习方法》

ISBN: 978-7-5153-4684-7
作者：美国普林斯顿语言研究中心
[美] 艾比·马克斯·比尔
2017-5 定价：39.00元
上架建议：畅销书 成功励志 阅读法

◯ 风靡美国的"个人MBA计划"（Personal MBA）列为99本必读书单中的第一本
◯ "普林斯顿"阅读法，一个已被证实的低投入高回报的学习方法，高效学习并轻松记住所读重要信息
◯ 帮助你平均提高阅读速度34%，阅读理解能力提高5倍

在简单易学的练习与训练中，获得革命性阅读技巧！

在碎片化阅读时代，阅读的时间越来越少。本书介绍的普林斯顿阅读法，能帮助你提升阅读速度，20分钟提高阅读速度300%，从而实现在更短的时间阅读更多书籍、杂志、文章，同时它能帮助你提升阅读能力，理解并记住核心重要信息。这套阅读法已经介绍给所有常春藤联盟校的学生使用，平均提高阅读速度34%。

《学习之道：美国公认经典学习书》

ISBN: 978-7-5153-4264-1
作者：[美] 乔希·维茨金
2017-5 定价：39.00元
上架建议：畅销书 成功励志 学习方法

《罗辑思维》罗振宇、果壳网创始人姬十三推荐

这是在任何领域都能成功的学习方法，这是任何人都适用的终身深入学习法

教你"以最小的努力赢得最大的成就"

作者乔希·维茨金9岁起便8度荣获全美象棋冠军；纵横西方棋坛10年后，他改行研习太极拳，并连续21次荣获全美太极冠军及世界冠军，成为"太极拳王"。他说："我最擅长的既不是象棋也不是太极，我最擅长的是学习之道。"作者将惊心动魄的武术过招、紧迫盯人的对弈交锋与适用于所有人的人生真理相结合，以自己的经验，和读者分享如何面对失败，化错误为转机，如何将情绪转化为创意的能量。

《刻意练习：如何成为一个高手》

ISBN : 978-7-5153-4665-6
作者：[美] 道格·莱莫夫、
艾丽卡·伍尔韦、凯蒂·叶兹
2017-5 定价：39.00元
上架建议：畅销书 成功励志 培训

刻意练习是一种简单到极易被人忽略，却又无比强大的成功模式！练习极简单，又极复杂，每个渴望进步的人，无论从事什么行业，无论是领导者还是员工，都希望掌握练习的方法，抓住练习的规律，以把事情做到极致。那些持续奋斗、成长和发展的人之所以成功，正是因为他们一直在不断地刻意练习。

改变全球9800万人的学习方式与成长轨迹，每30秒钟便有一人受益于它

《罗辑思维》罗振宇支招刻意练习是成为一个高手的必经之路，一语道破学习之道，一条成为高效能人士的捷径，让你与目标之间距离缩短到只有"坚持"而已

42个方法教会你"世上根本没有学不会这种事"

《如何思考：用"自由技艺"软技能，解决生活工作中的难题》

"自由技艺"教人们如何思考，进而如何解决复杂问题，培养批判性思维方式，养成独立有效的思考方式。通过学习自由技艺，可以成为统治者或者在各领域都能游刃有余的"通才"。你能快速掌握人文学科中"三艺"——语法、逻辑、修辞的现实效用，有效提高思考力与决断力，打造属于自己的思维模式。

ISBN：978-7-5153-5120-9
作者：[美]迈克尔D. C. 卓特
2017-5　定价：39.00元
上架建议：畅销书　成功励志

掌握人生最重要的三种能力：审辨式思维、交流能力和解决问题的能力

学习自由技艺可以改变你的大脑工作水平，成为熟练运用脑力的思维创新者

掌控自由技艺的思维模式与决断力，成为意见领袖，带动群体思考

《如何学习：用更短的时间达到更佳效果和更好成绩》

ISBN：978-7-5153-4908-4
作者：[美]亚当·罗宾逊
2017-10　定价：49.00元
上架建议：成功励志　学习方法

获《中国教育报》"2017教师喜爱的100本书"奖

知名自媒体、100天行动发起人战隼推荐

赛博学习法"让中国学子受益，学习变得扎实、轻松、高效

本书是一本全新的学习方法书。美国著名学习问题专家，总结并分享数百位世界名校尖子生学习之道——"赛博学习法"。12个赛博学习问题与学习材料对话，贯穿学习到考试的动态全过程，非常实用、简练，让学习变得扎实、轻松、高效。这套可靠的学习体系让学习者实现自我驱动，积极面对学习中的问题，灵活准确地应对各种考试，获得学习的主动权。

《如何讨论：以最短时间达成最佳结果的50个讨论方法》

现代社会，讨论无处不在。公司或团队小组开会、课堂、线上线下活动、家庭决策……都需要每个成员参与讨论。

美国著名教育学家史蒂芬·布鲁克菲尔德，在几十年与高校、企业、军队、工会、非营利组织等合作的实践中，总结出了让讨论更有成效的50个实操方法，可应用于各类场合。这些打破传统讨论模式的方法，可以让你帮助小组成员聚焦关键问题，积极参与讨论，在最短的时间内处理最需要解决的棘手问题，或达成最佳结果与成效。

ISBN：978-7-5153-4728-8
作者：[美]史蒂芬·D. 布鲁克菲尔德
　　　　史蒂芬·普莱斯基尔
2017-7　定价：39.00元
上架建议：职业提升　交流技能

懂得如何讨论的人才能拥有更强的问题解决能力

这是写给每个终身学习者的讨论之道

《如何记忆：来自美国顶尖专家的学习技能书》

ISBN：978-7-5153-2953-6
作者：[美]罗恩·弗莱
2018-3　定价：39.00元
上架建议：畅销书　成功励志

即学即用的终身记忆法，帮你记住你想记忆的一切

一切知识都源于记忆，记忆让知识更富价值

美国记忆学习权威专家告诉你：记忆力完全可以经过后天训练获得显著提升，只要按照科学的方法进行练习，人人都能成为记忆大师。这里有：最有趣的测试，帮你精准定位自己的"记忆起点"；最全面的方法，助你探求"过目不忘"的奥秘；最实用的场景，伴你解决工作、学习、生活中所有记忆难题。12种一学就会、拿来即用的高效记忆法，助你实现最强大脑！